짝꿍: 이두온×서미애

KB122463

짝꿍: 이두온×서미애

더없이 중요한 시기

- 이두온 -

너희 집 앞이야.

메시지를 보내도 답은 없을 것이다. 여자친구는
그들이 함께 듣는 교양 수업에 나오지 않았다. 하고
있던 아르바이트도 그만두었다. 그렇게 생각하고
싶지 않지만 그 모든 행동은 재우를 만나지 않기 위
함인지도 모른다. 그 때문에 재우는 여자친구의 동
생에게까지 메시지를 보냈다. 동생은 말 잘 듣는 중
학생, 게다가 그를 좋아하니까 언니에게 연락을 전
해줄 것이다. 망설이던 재우는 다음 문장을 썼다.

이제 번개탄을 피울 거야. 안 나오면 난 죽어.

'번개탄은 빠르면 십 분 안에 사람을 죽인다' 하
고 부연 설명을 적다 지웠다. 그 상태로 메시지를
보냈다. 아직 정오가 안 된 시간이었다. 오월의 청
명한 날씨였지만 햇살은 후텁했고 주택가는 조용

했다. 재우는 차 문에 기대서 여자친구가 가족들과 함께 살고 있는 다세대 주택을 바라보았다. 저 집의 사위가 되고 싶었다. 섣부른 바람이었는지도 모르지만 그 집 사람들이 자신을 좋아한다고 생각했다. 재우는 참 똑똑하고 믿음직스러워. 재우가 무언가를 이야기하면 그들은 몸을 기울인 채 경청하거나 신뢰 어린 얼굴로 고개를 끄덕였다. 하지만 사람들은 손바닥 뒤집듯 작은 변화 하나에 태세를 바꾸고 금세 쌀쌀맞아진다. 그를 죽일 놈 취급한다. 그것은 타당한가.

재우는 쥐고 있던 주먹을 펴서 손바닥을 내려다보았다. 거기에는 땀으로 축축해진 수면제 세 알이 있었다. 잠들지 못하는 척 병원에 가서 처방받은 약이었다. 이걸 먹으면 잠들 수 있나요? 여덟 시간을 꽉 채워 숙면하는 습관 덕에 얻은 맑고 좋은 안색으로 질문을 던졌다. 하지만 묻고 싶은 말은 따로 있었다. 무슨 일이 있어도 깨지 않는 약입니까? 건강한 육체를 그런 식으로 혹사시켜 본 일은 없었다. 그것은 어쩌면 폭력인지도 모른다. 폭력을 자신에게 휘두르는 척하고 있지만, 과녁은 자신이 아니었다. 그러나 죄책감은 없었다. 자신은 죽음을 불사하고 있지 않은가. 재우는 약을 입에 넣었다. 약이 목에 걸렸다. 그는 약이 넘어가길 바라며 침을 가득 모아 꿀떡꿀떡 삼켰다.

트렁크를 열자 온라인 주문을 하느라 대용량으로 구매해야 했던 착화탄이 보였다. 열 개들이었다. 포장지를 열고 착화탄을 하나 꺼내, 함께 챙긴 철제 그릇에 담았다. 불 붙인 착화탄을 보호구도 없이 차 안에 두었다가는 차가 타버리는 수가 있었다. 곧 죽을 놈이 무슨 차 걱정이냐, 말할 수 있겠지만 차를 산 지 이 년이 채 되지 않았다. 사람으로 치면 아기에 불과했다. 다시금 분노가 치솟았다. 아기를 죽이려는 자는 천벌을 받아야 한다. 재우는 토치를 켰다. 천벌을 받아라. 착화탄에 불이 붙었다. 투명한 붉은 빛이 넘실거리다 하얀 연기가 솟기 시작했다. 식도에서 약이 넘어가는 것을 느꼈다. 재우는 철제 그릇을 몸에서 멀리 떨어지게 든 채 차 안으로 들어갔다. 차 안에 그을음이 남을까 걱정이 됐다. 눈을 질끈 감고 차 문을 닫았다. 차마 창문을 올릴 수는 없었다.

여자친구가 임신을 했다. 예정에 없던 임신이었다. 여자친구는 낙담했다. 애인의 가족들은 화를 냈다. 재우의 집도 크게 다르지 않을 것이다. 학업은? 군대는? 당장 들어가 살 집은 있니? 그뿐만이 아니었다. 집에 있는 그의 세 누나들이 안다면 재우는 멀쩡할 수 없을 것이다. 누나들은 그를 말로 죽이는 법을 알고 있었다. 개 같은 년들. 하지만 그는 아이를 낳고 싶었다. 아이를 낳고 가정이 생기면, 흐릿

더없이 중요한 시기

한 물처럼 살아가지 않아도 될 것 같은 그런 예감
이 있었다.

재우는 어린 시절, 강아지를 키우고 싶었던 적이
있었다. 그의 부모님과 누나들은 반려견을 들이는
걸 한사코 반대했다. 너 같이 게으르고 방만한 놈
이 무슨 개를 키우냐. 밖에서는 성실한 모범생이라
는 평을 들었지만 집에서는 반푼이 취급받기 일쑤
였다. 가능하다면 많은 개를 키우고 싶었다. 제대
로 먹이고 사랑을 주고 혹독하게 훈련시켜서 재우
의 손짓 한 번에 몸을 던지고 원반을 물어뜯는 개
떼들을 거느리고 싶었다. 몇 마리면 그 정도 규모
가 갖춰질까. 사람들은 재우가 순하고 착하다고 했
다. 또래 여자들은 그에게 누나가 많아서 그와 말이
잘 통하는 것 같다고 말했다. 수줍음을 잘 타는 그
가 귀엽다고 했다. 하지만 그 말은 결정적일 때 그
의 의견을 무시하고 짓누르기 위해서, 그를 길들이
기 위해서 지껄이는 말들이 아닐까. 그는 이번만큼
은 꺾이지 않을 생각이었다.

재우는 책임을 지겠다고 했다. 그런데 여자친구
는 어째서 재우의 의사에 반한 채 삶이 바뀔 게 두
렵다느니, 아이를 지울지도 모르겠다느니 하는 어
정쩡한 말을 하는 건가. 군대가 왜 문제가 되는 건
가. 재우가 재검에 통과해 입대한다면 당분간은 여
자친구 혼자 본가에 들어가 지내면 된다. 엄마와 누

나들이 여자친구를 도와줄 것이다. 그런데 어째서 여자친구는 그 말에 하늘이 무너진 얼굴을 하는 걸까. 그들은 사랑하는 사이가 아니었나. 그런데 어째서 그렇듯 혼자 내빼려 하는 걸까. 어떻게 그들이 사랑으로 만든 아이를 없앨 생각을 할 수 있나. 세상에는 아이를 만들고도 도망치는 남자들이 널렸는데, 재우는 책임을 지겠다고 했다. 그런데 행복에 겨워 이것도 싫다니, 도대체 어쩌란 말인가. 사람들은 모두 결혼을 하고 아이를 낳고 가정을 가진다. 그렇게 어른이 되어간다. 좀 이른 나이였지만 재우는 자신도 그 수순을 밟을 거라고 생각했다. 그러면 어느 누구도 그를 우습게 보지 못할 것이다. 그런데 왜 여자친구는 자신을 피하고 거부하나. 사랑해서 이렇게 죽을 생각까지 하는데. 여자친구는 그를 이용한 게 아닐까. 그의 마음을 가지고 논 것 아닌가. 그가 군대에 가면 다른 남자를 만날 마음을 품고 있었던 게 아닐까. 여자들은 독하고 이중적이라고 하더니 그 말이 딱 맞는 말인지도 모른다. 그는 사랑으로부터 상처받았다. 졸음이 몰려왔다. 약을 한 알만 먹어도 됐지만 그게 너무 작고 약해 보여서 세 알이나 먹었다.

묵직하게 늘어지는 눈꺼풀을 억지로 치켜올릴 때였다. 주택 정문이 열렸다. 문 사이로 까맣고 단단해 보이는 십 대 소녀가 걸어 나오고 있었다. 여

더없이 중요한 시기

자 친구의 동생이었다. 재우는 실망하며 운전석 창문을 올렸다. 번개탄을 피운 채 차창을 열어둔 걸 들키고 싶지 않았다. 조수석 창문도 열려 있었지만 아이가 선 위치에서는 보이지 않을 것이다. 주변을 둘러보던 동생은 재우의 차를 발견하고는 한 팔을 뒤로 한 채 뚜벅뚜벅 걸어왔다. 동생의 이력을 생각한다면 상상할 수 없을 만큼 부자연스러운 걸음걸이였다.

동생은 큰 대회에 나가 입상도 하고 신문에 나기도 한 육상 유망주였다고 했다. 그러나 작년에 큰 교통사고를 당했다. 걸음걸이가 부자연스러운 것은 수술 과정에서 다리에 박은 철심 때문이었다. 철심을 제거한다 하더라도 더 이상의 선수 생활은 불가능할 거라는 말을 들었다. 재우와 아이가 만난 건 아이가 이제 진로를 재조정해야 하는데 학교도, 학원 수업도 제대로 따라가지 못하는 것 같다는 여자친구의 푸념 때문이었다. 그 이야기를 들은 재우는 쾌재를 불렀다. 당시는 그들이 사귀기 전으로, 재우는 개인 강습을 받아 성적이 향상됐던 경험을 여자친구에 이야기했다. 물론 거짓말이었다. 친구였던 그들의 관계는, 재우가 과외를 맡은 후 급물살을 탔다.

아이는 큰일을 당한 것 치고는 퍽 담담해 보였다. 몸을 쓰는 사람 특유의 태평하고 느긋한 태도가 있었다. 수업을 잘 이해하는 것 같지는 않았지만 과제는 꼬박꼬박 해왔다. 수업을 빠뜨리거나 늦추는 일도 없었다. 그러나 말수가 적고 표정이 없는 편이라 아이가 무슨 생각을 하는지 도통 알 수 없었다. 그저 공부하기 괜찮니, 하고 물으면 태평하게 네, 하는 대답이 돌아왔다. 이해가 안 되는 부분은 없니, 하고 물으면 아이는 자신이 이해하지 못하는 게 무엇인지 이해하지 못하는 얼굴로 고개를 갸웃거렸다. 한 번은 답답한 마음에 과외를 계속할 생각이 있긴 있어, 하고 물었다. 그러자 아이는 조금 화가 난 얼굴로 참고서를 뚫어져라 응시했다. 그 얼굴이 기억에 남았다.

아이가 답답하게 문제만 노려보고 있을 때, 전날 과음을 한 탓에 재우의 컨디션이 엉망일 때, 그러니까 매우 빈번히, 재우는 아이를 차에 태우고 드라이브를 나갔다. 아이에게 운전도 가르쳤다. 처음에는 그럴 마음이 없었다. 그러나 여자친구가 함께 차에 타고 있던 어느 날, 동생이 운전을 해보고 싶다는 말을 해왔다. 재우는 차를 내주고 싶지 않았다. 하지만 재미있다는 듯 웃고 있는 여자친구의 눈치가 보였다. 연애 초창기였다. 눈물을 머금고 아이를 운전석에 앉혔다. 몇 가지 간단한 기능만 알려준 후 아이의 부탁을 마무리 지을 생각이었다. 그런데 아이가 운전을 지나치게 잘했다. 처음 하는 거라고는 믿을 수 없게 동작 전환이 능숙했고 습득이 빨랐다.

더없이 중요한 시기

재우는 애초의 계획을 잊고 너 엄청나구나, 하고 외치고 말았다. 그 말을 들은 아이는 운전대를 응시한 채 고개를 떨궜다. 그러나 아이의 눈만은 빛나고 있었다. 그 후 자주는 아니지만 아이에게 운전을 몇 번 더 시켰다. 과외비를 받고 실질적으로 하는 게 없으니 이 정도는 괜찮겠지 싶었다. 아이는 공부보다 운전 쪽에 훨씬 흥미를 보였다. 처음 도로에 나갔다 돌아온 날, 아이는 운전대를 가만히 쥔 채 자동차는 사람보다 훨씬 빠르네요, 따위의 당연한 말을 중얼거렸다. 여자친구는 동생이 과외 시간을 많이 좋아하는 것 같다고 말했다. 재우는 아이가 과외 시간을 좋아하는 게 아니라 자신을 좋아하는 거라고, 약간은 거드름을 피우며 생각했다.

아이가 창문을 두드렸다. 재우는 늘어지는 눈꺼풀을 밀어 올리며 창을 열었다.

"언니는?"

"……"

혀가 커진 듯 말이 잘 나오지 않았다.

"언니는 집에 없어?"

"아니요."

"언니 데려와."

아이가 대답하지 않은 채 재우를 내려다보았다.

그 얼굴이 조금 슬퍼 보였다. 재우가 창문을 닫았다. 아이가 창을 두드렸다. 언니를 데려오지 않으면 죽을 거다. 너희 눈앞에서 죽어버릴 거다. 아이가 창문을 두드렸다. 그럴수록 화가 커졌다. 재우는 동생도, 언니도 전부 죄책감을 느끼길 바랐다. 자신만은 아기를 지킬 것이다. 아기가 세상에 태어나면, 모두가 널 없애려 했지만 나만은 널 지키기 위해 목숨을 걸었다고, 그래서 널 지킬 수 있었다고 말할 것이다. 재우는 참고 있던 호흡을 포기하고 숨을 한껏 들이켰다. 동생은 겁에 질린 얼굴로 청명한 하늘을 올려다보았다. 그리고 눈을 찡그리며 등 뒤로 접고 있던 한쪽 팔을 늘어뜨렸다. 아이의 손에는 망치가 들려 있었다. 버스에 걸려 있을 법한 빨간 탈출용 망치였다. 저걸 어디서 구한 걸까. 망치를 휘두르면 차가 망가질 것이다. 놀란 재우가 안 돼, 안 돼, 하고 외치며 창을 열기 시작했다. 아득한 졸음이 몰려왔다. 치켜 올라간 망치가 하늘을 가렸다.

*

태이는 주차된 차 안에서 운전대를 움켜잡고 있었다. 그러나 손떨림이 멈추지 않았다. 불쾌한 것은 긴장이 될 때나 위급 상황이 되면 선수 시절 들었던 말들이 떠오른다는 점이다. 코치는 태이의 어깨를 치며 너는 정신력이 강해, 훌륭한 선수가 될 거야, 하고 말했다. 태이는 인사이드 미러에 얼굴을 비추며 개소리, 하고 중얼거렸다. 떨림이 조금 가셨다. 그래서 더 화가 났다.

며칠째 학교에 가지 않고 있었다. 언니의 임신으로 집은 혼비백산, 병원 치료를 핑계 댄 덕에 담임선생님도 태이의 결석을 문제 삼지 않는 분위기였다. 동급생들은 태이가 육상부라서 결석을 하는 것이겠거니 대수롭지 않게 생각했다. 어쩔 수 없는 일이다. 육상으로 유명한 중학교에 스카우트 되어 입학한 이상 졸업할 때까지 육상부로 불릴 것이다. 비운의 운동선수로 남을 것이다. 사람들은 '어쩌면 좋니, 마음이 많이 아팠겠구나' 하고 말하다가도 '네가 힘든 건 알아. 하지만 다 떨쳐내고, 앞날을 슬슬 생각해봐야 하지 않겠어?' 하고 이편의 사정은 생각도 않은 채 속 편하게 말하고 있었다. 그러나 그런 무신경한 반응은 하루 이틀이 아니지 않은가. 그 말이 완전히 틀린 것도 아니고 말이다. 하지만 마음이 가지 않았다. 태이가 겪은 불행은 여전히 그의 몸에 들러붙어 있었다.

학교에 있어야 할 시간에 운전을 해서 학교 앞 무료 주차장에 버젓이 차를 세웠다. 그게 일탈이라고 생각지는 않았다. 일탈은 삶을 보다 나빠지게 하고자 할 때 하는 것 아닌가, 태이는 막연히 생각했다. 멍하니 생각했다. 그러다 자신이 생각에는 도통 익숙지 않다는 사실을 깨닫는 것이다. 잘 달리기 위해서는 물론 생각이 필요했다. 그러나 그보다 중요한 건 훈련을 얼마나 잘 소화하느냐, 그 과정에서 발생하는 고통을 얼마나 잘 참아내느냐의 문제였다. 고통스럽지 않다면 열심히 한 게 아니다. 열심히 하지 않으면 기록은 좋아지지 않는다. 여러 가지 행복을 포기해야지만 원하는 것을 얻을 수 있다는 나름의 계산법을 익히며 살아왔다. 그런 삶에서 생각이란 중요치 않았다. 생각을 하면 매일의 고통을 들여다보아야 하는데, 그건 좋지 못하다. 코치는 고통이 일상이 되고 습관이 되어야 한다고, 힘든 게 당연한 거라고 말했다. 그런데 생각? 태이는 다시 거울을 들여다보며 중얼거렸다. 너는 정신력이 강하지. 너는 정말 잘 달려. 형편없는 거짓말이었다. 하지만 생각이 중요치 않은 것처럼, 진실이 뭐 그렇게 중요한가.

주차장 안으로 들어서는 예빈이 보였다. 그는 긴 팔다리를 주체할 수 없다는 듯 휘청이며 걸었다. 그래서 늘 눈에 띄었다. 코치는 예빈에게, 내가 너 같은 신체 조건을 가졌다면 그렇게 움직이지는 않을 거라고 말하곤 했다. 그러면 예빈은 코를 찡그리며 웃었다. 그는 칭찬을 하면 아니라고 손사래를 치고, 책망을 하면 쉽게 의기소침해졌다. 칭찬과 욕이 뒤섞인 말을 들어야 안심하고 기뻐하는 것 같았다.

더없이 중요한 시기

예빈의 손에는 큰 종이봉투가 들려 있었다. 태이가 클락션을 울렸다. 놀란 얼굴로 머뭇거리던 예빈이 열린 차창 사이로 태이를 확인한 후 차에 올랐다. 그러고는 망설이다 말했다.

"안녕. 오랜만이야."

태이는 운전대를 바라보며 고개를 살짝 끄덕였다. 예빈은 어색한 듯 차 안을 두리번거렸다. 그는 뒷좌석에 놓인 대용량 번개탄과 토치를 보고 흠칫 놀랐다. 그리고 중얼거리듯 말했다.

"차가 멋있네."
"언니 남자친구 차야. 빌렸어."
"너한테 차를 빌려줬다고?"
"응."

의구심 어린 얼굴로 차를 둘러보던 예빈이 대단하다고 중얼거렸다. 정말 대단하게 느껴서 그렇게 말하는 것처럼 들리지는 않았다. 예빈이 딱지가 앉은 코에 손을 가져다 대며 물었다.

"운전은 할 줄 알아?"
"응."

태이는 최대한 무심한 표정을 지으려고 애쓰며 말했다. 기왕이면 운전을 잘한다고 말하고 싶었다. 고속도로를 못 타봤을 뿐 많은 곳들을 다녔다. 동기부여를 위해서라며 방문했던 명문 고등학교와 대학교들, 자연 학습의 일환이라던 동물원과 유원지(언니가 동행할 때 주로 그런 곳에 갔는데 그럴 때면 언니와 과외 선생님은 뒷좌석에 나란히 앉아 끝없이 귓속말을 속삭였다), 사회 수업을 위해서라며 술집을 가기도 했다. (과외 선생님은 맥주 반 잔만 마셔도 얼굴이 빨개지는 부류였다). 그러다가도 선생님은 돌연 엄한 얼굴을 하고는 '나나 되니까 운전을 시켜주는 거라고, 선생님이 없을 때는 절대 운전을 해선 안 된다'라고 신신당부하곤 했다. 그러면 태이는 고개를 끄덕였다. 운전을 시켜주는데 약속하지 않을 이유가 없었다. 그리고 오늘 그 선을 넘어버렸다. 예빈이 코에 앉은 딱지를 툭툭 치며 말했다.

"만약에 이게 걸리면 문제가 되지 않을까."

"음, 그런가."

예빈이 콧등을 쓰다듬으며 말했다.

"위험할 수 있을 것 같아. 우리 사이에서도 약속된 게 아니고."

"음, 그런가."

예빈이 옅은 한숨을 쉬었다. 그리고 자기도 게임으로 운전을 배웠지만 실제로 운전을 하지는 않는다고 작게 투덜거렸다. 태이가 '음, 그런가' 하고 말자, 예빈은 진저리를 치며 종이봉투를 열어 보였다. 봉투 안에는 식빵이 잔뜩 들어 있었다. 예빈이 물었다.

더없이 중요한 시기

"먹을래?"

"아니, 웬 빵이야?"

"그냥."

태이는 빵을 바라보다 고개를 저었다. 함께 육상 훈련을 받던 때에도 예빈의 엄마가 샌드위치를 잔뜩 만들어다 준 일이 있었다. 그게 어쩔 수 없이 산 빵으로 만든 샌드위치라는 사실은 나중에 우연찮게 알았다. 예빈이 빵집에 들어가 빵들을 몰래 눌러대서 산 거라고 했다. 태이는 그 사실을 알고부터 예빈이 가져오는 빵을 먹은 일이 없었다. 그건 예빈이 했으리라고는 상상하기 힘든 역겨운 짓이었다. 하지만 그런 건 사소한 역겨움에 지나지 않는지도 모른다. 그들은 이제 서로의 가장 역겨운 부분을 알고 있었다. 태이가 미간을 찌푸리자 예빈은 기분이 상한 듯 다시 코를 만지기 시작했다. 태이가 시동을 걸며 물었다.

"어떻게 빠져나온 거야?"

"엄마가 일찍 오기로 했다고 하고 조퇴했지 뭐."

"대회 전날에 조퇴가 가능한 줄 몰랐어."

"우리 엄마 알잖아."

예빈이 초조한 듯 글러브 박스를 여닫으며 대답했다. 실제로 그들이 밖에서 따로 만나기는 처음이었다. 예빈의 엄마는 딸에게 자유시간을 주는 법이 없었다. 그는 예빈이 다니는 타 지역의 유명 스포츠 클럽을 핑계로 시도 때도 없이 딸을 훈련장에서 빼가곤 했다. 들리는 소문에 의하면 이혼한 예빈의 아빠가 학교에 찾아올 것을 두려워해서 더 그런다는 이야기가 있었다. 예빈이 서글서글하고 사람들과 어울리길 좋아함에도 친구가 없는 이유였다. 그래서 예빈이 낯선 번호로 다급히 연락을 해 왔을 때 태이는 조금 놀랐다. 손을 가만히 두지 못하고 글러브 박스를 여닫던 예빈이 그 안에 든 빨간 망치를 발견하고는 태이를 바라보았다. 태이가 팔을 뻗어 박스를 닫았다. 예빈이 다시 코를 만지며 말했다.

"체전이 끝나야 만날 줄 알았어. 나야 좋지만."
"차를 오늘 빌리기로 해서 그래."
"오늘만 된대?"
"오늘이 아니었으면 차를 빌릴 수도 없었을 거야."

잠시 말이 없던 예빈이 한숨을 쉬었다. 그리고 조금 밝아진 목소리로 말했다.

"나는 네가 다른 마음이 있어서 그렇게 말한 줄 알았어."
"다른 마음?"
"내가 체전에 나가는 게 네 입장에서는 싫을 수도 있잖아."

태이는 잠시 예빈을 바라보았다. 예빈이 불편한 듯 눈을 피했다. 물론 차는 핑계였다. 오늘로 만남을 고집한 진짜 이유는 따로 있었다. 내일은 태이의

더없이 중요한 시기

열다섯 번째 생일로, 그는 더 이상 촉법소년이 아니게 된다. 이게 오늘이어야만 하는 이유였다. 태이가 차를 출발시키며 말했다.

"네 경력을 망칠 생각이었으면 체전 당일에 만나자고 했을 거야."

"……"

"대회 준비는 잘했어?"

"그게, 기록이 떨어졌어."

"그럴지도 모르겠다고 생각했어."

"왜?"

"너는 내 뒤에서 달리는 걸 좋아했잖아."

무뚝뚝하게 내뱉는 태이의 말에 예빈이 복잡한 얼굴로 앞을 응시했다. 그것은 기분 나쁜 말인지도 모른다. 하지만 함께 달리다 보면 알게 되는 것들이 있었다. 곁에서 달리는 친구가 자신을 좋아하는가, 아닌가. 함께 달리고 싶어 하는가, 아닌가. 더 민감하게 느낄 수 있는 장소가 트랙이었다. 느낌만은 아니었다. 실제로 태이가 자체 최고 신기록을 찍던 날, 예빈도 그것을 찍었다. 태이의 기록이 떨어지면 예빈의 기록도 나빠졌다. 예빈은 늘 태이의 뒤에서 달렸다. 초등학교 시절 만났던 육상 대회에서도 그랬고 같은 중학교에 스카우트 되어 달리던 때에도 그랬다. 코치는 그게 정신력의 차이라고 했다. 예빈은 팔다리가 길어서 단거리 육상에 유리한 신체 조건을 가지고 있었지만(그 때문에 스타트가 늦기도 했지만) 문제는 예빈이 치고 나가야 하는 순간에 늘 주춤댄다는 데 있었다. 그건 아마도 마음의 문제일 것이다. 예빈이 맥없이 고개를 끄덕였다.

"너랑 달리면 기록이 잘 나오거든. 코치 선생님은 내가 기량을 발휘하지 못하고 있다고 했어. 잠재력이 엄청난데 그걸 쓰질 못한다고."

태이는 대꾸하지 않았다. 예빈이 가능성의 영역에 머물러 있는 걸 너무 좋아한다고 느꼈다. 예빈이 말했다.

"이제 최선을 다해야지."

"……"

"너는 이제 안 달려?"

"달리기보다 빠른 게 있는데 뭐하러 달리겠어."

태이가 운전대를 한 손으로 돌리며 대답했다. 과장이 없지 않았지만 거짓말은 아니었다. 태이는 사고 이후로 다시 달리고 싶다고 생각한 적이 없었다. 앞으로도 그럴 성싶지 않았다. 그런 태이를 물끄러미 바라보던 예빈이 콧등을 긁으며 물었다.

"그런데 왜 약이 필요해?"

"말해도 이해할 수 없을 거야."

"교통사고 후유증 때문이야? 아직도 많이 아파?"

"병원에서는 심리적인 거라는데 난 아파."

더없이 중요한 시기

"병원에서 준 약은?"

"잘 안 통했어. 센 진통제라는데 나한테는 통하지 않았어. 너희 엄마가 준 게 나한테 잘 맞았어."

"……"

"너희 엄마가 나한테 줬던 게 뭔지 정말 몰라?"

"난 모르지."

예빈이 고개를 떨구며 말했다. 태이가 운전대를 쏘아보았다.

당시 태이는 하계 대회를 앞두고 있었다. 그것은 경력을 쌓을 수 있는 큰 대회였다. 문제는 태이가 대회 전 발등 부상을 무시하고 달린 탓에 경기에 나갈 만한 상태가 아니었다는 점이다. 예사로 여겼던 부상은 생각보다 깊었다. 통증을 오랫동안 참은 게 원인이었다. 치료를 받으며 출전하는 방법도 있었지만, 그러기 위해서는 규정에 금지된 약물로 치료를 받아야 할 필요가 있었다. 치료 목적으로 금지 약물을 사용하려면 신청서를 대회 한 달 이전에 작성했어야 했다. 그러나 당시는 대회가 열흘 남은 상황이었다. 태이는 겁에 질렸다. 사소한 실수로 그간 쏟아 온 모든 노력이 무산될 위기에 있었다. 약물을 먼저 사용하고 나중에 신청서를 작성하는 방법도 있었지만, 신청서 승인이 나지 않을 경우 대회에서 이룬 모든 성취를 박탈당할 수가 있었다. 그게 가장 큰 문제였다. 아니, 당시에는 그게 가장 큰 문제라고 생각했다. 그 때문에 어쩌지 못하고 있을 때 접근해 온 게 예빈의 엄마였다.

그는 예빈이 다니는 육상 클럽에서 구했다는 영양제를 태이에게 내밀었다. 태이는 고개를 저었다. 금지 약물을 사용해야 할 만큼 큰 부상이 고작 영양제로 나을 것 같지 않았다. 하지만 영양제가 통증에 기막힌 효과가 있다는 말에 마음이 흔들렸다. 누구에게도 통증을 호소하지 않았지만 당시 태이가 느끼고 있던 아픔은 상당했기 때문이다. 육상 클럽에서 준 약이므로 도핑에 문제가 될 것 같지도 않았다. 한번 먹어나 보자는 쪽으로 마음이 기울었다. 그리고 영양제는 놀랍도록 기막힌 효과를 냈다. 약이름을 묻자, 한국에서는 쉽게 구하기 힘든 약이므로 그것을 조금 더 나눠주겠다는 대답이 돌아왔다. 예빈의 엄마는 태이가 잘 달리기도 하지만 정말 아름답게 달린다고 말했다. 태이는 그의 말이 진심이라고 느꼈다.

하계 대회에서의 입상은 실패로 돌아갔다. 불안했던 탓에 영양제를 많이 복용한 게 문제였다. 태이는 그날 화장실에서 홀로 영양제를 섭취하다 십여 분 간 졸도했다. 변기에 웅크려 앉아 마인드컨트롤을 하던 자세 그대로 쓰러져, 화장실 바닥에 얼굴을 부비며 눈을 떴다. 그리고 그때 처음으로 약이 이상

더없이 중요한 시기

하다는 생각을 했다. 그럼에도 그는 예빈의 엄마로부터 계속 약을 받았다. 대회가 끝나고 병원 치료를 받으면서도 그렇게 했다. 단지 영양제일 뿐이지 않은가. 돈도 지불했다. 약이 주는 느낌이 좋았기 때문이다. 태이는 영양제 덕분에 불안을 떨치고 훈련에 열중할 수 있었다. 그것만 있다면 다음 대회 입상을 노려볼 만하다고 생각했다. 그리고 어느날 도핑방지위원회의 방문을 받았다. 급작스러운 방문이었다. 태이가 금지된 약물을 사용하고 있다는 제보가 들어왔다고 했다. 보호자나 지도자 동승하에 시료 채취를 해야 한다는 검사관의 말에 태이는 달아났다. 영양제의 성분이 무엇이었는지 몰랐다. 그럼에도 도망쳤다. 도로로 뛰어들었다. 그때 차로를 달리던 승합차가 태이를 들이받았다. 차주는 태이가 차에 스스로 뛰어들었다고 말했다. 태이는 그 말이 사실이 아니지만 사실인지도 모르겠다고 생각하며 정신을 잃었다. 영양제가 무엇인지 몰랐지만, 계속 약을 복용해서는 안 된다는 사실을 어렴풋이 알았던 것처럼 말이다.

그는 병원에서 긴 시간을 보냈다. 선수 생활에 대한 희망이 남아 있던 때였으므로, 영양제에 대해서는 어떤 말도 하지 않았다. 입을 다물어야 한다고 생각했다. 퇴원을 했을 때는 모든 게 끝나버린 후였다. 태이는 가끔, 사실은 자주, 실은 너무도 빈번이 약이 그리웠다. 달리기는 그립지가 않은데 영양제는 그리웠다.

태이가 예빈을 힐끗 쳐다보며 말했다.

"너도 영양제를 하는 줄은 몰랐어."
"자주 하는 건 아냐."
"너희 엄마도 이 사실을 알아?"
"모르지. 그러면 내가 이런 일을 벌일 리가 없잖
아."
"그러다 도핑에 걸린다."

예빈이 중얼거리듯 말했다.

"걸릴 테면 걸리라지."
"내가 너라면 이런 짓을 하지는 않을 거야."

예빈이 망설이듯 콧등을 만지다, 손톱을 세워 코
를 긁기 시작했다. 애써 만든 듯한 딱지가 떨어져
나갔다. 태이는 상처 난 예빈의 콧등을 바라보다 말
했다.

"이제 전화를 걸까?"

예빈은 풀이 꺾인 듯 고개를 끄덕였다. 태이가 물
었다.

"너희 엄마 이름이 뭐야?"
"김현주."

더없이 중요한 시기

핸드폰 신호음이 울렸다. 중년의 여성이 경직되고 낮은 목소리로 전화를 받았다. 태이는 자신의 목소리가 되도록 위협적으로 들리기를 바라며 입을 열었다.

"안녕하세요, 현주 씨. 저 정태이예요. 예, 오래간만이에요. 네, 네, 아니요, 괜찮아요. 예빈이가요? 그렇지 않아도 기록이 떨어졌다는 말을 들었어요. 예, 저랑 같이 있으니까요. 모르는 게 당연하죠. 제가 납치를 했는데 어떻게 아시겠어요. 예전에 저한테 주셨던 영양제 있잖아요. 그 약 이름이 뭐예요? 왜 비밀로 하시는 건지 저는 도저히 모르겠어요. 말씀드렸잖아요. 신고할 마음은 없어요. 예빈이는 보내드릴 수 없어요. 알아요, 내일이 무슨 날인지도 당연히 알죠. 그런데요. 약을 준비하지 않으면 예빈이를 죽일 거예요."

긴 통화를 마치고 예빈과 태이는 잠시 허공을 바라보았다. 극도의 흥분 상태였지만 한편으로는 그 모든 게 지루해 견딜 수 없었다. 예빈이 흥얼거리듯 '그래, 날 죽여버려' 하고 말했다.

*

지하철이 승강장에 들어오고 있었다. 곧 사람들이 에스컬레이터를 타고 개찰구로 올라올 것이다.

태이는 개찰구 옆 역내 편의점에 서서 새로 나온 과자들을 내려다보고 있었다. 끌리는 게 없었다. 뭐 하나가 유명세를 타면, 온통 같은 재료를 넣은 상품들이 쏟아져 나온다. 바나나 향이 된다 싶으면 바나나를 넣은 과자, 초콜릿, 아이스크림, 먹는 걸 넘어서 주방용품과 사무용품, 화장품, 심지어 바나나 모양 발싸개까지 출시가 된다. 그런 걸 보고 있으면 어디까지 해야 바나나에 진절머리를 낼 거냐고 개발자들이 질문을 던지는 것 같기도 하고, 바나나에 원한을 품은 누군가가 그것을 인류사에서 지워버리려고 애쓰고 있는 것 같기도 하다. 그러나 아닐 것이다. 다들 뭐 하나라도 걸리라는 마음으로 쏟아내고 있을 뿐이다. 코치 선생님은 육상부 선수들에게 '너희가 가진 기량을 전부 쏟아야 해. 그래도 될까 말까니까' 하고 말하곤 했다. 그저 모두가 최선을 다하고 있을 뿐인지도 모른다. 망설이던 태이는 신상 과자 하나를 집어 들었다. 끌리지 않아도 보다 보면 어쩐지 먹고 싶은 마음이 들었다. 승강장에서 올라온 사람들이 개찰구로 쏟아지고 있었다.

태이는 과자를 내려놓으며, 교통카드 단말기를 지나는 사람들을 바라보았다. 현주는 보이지 않았다. 이상했다. 현주가 타야 할 열차의 방향과 시간, 칸 번호까지 지정해 주었다. 그리고 현주가 두 개의 노선이 교차하는 환승역에 도달할 즈음 '이번 역에서 내리세요. 눈앞에 보이는 에스컬레이터를 타고

더없이 중요한 시기

개찰구로 나오면 됩니다' 하고 문자를 보냈다. 예정대로라면 현주는 카드 단말기를 통과하는 가장 빠른 승객들 속에 있어야 했다.

느린 걸음으로 계단을 오르는 현주를 발견한 건 상당수의 사람들이 개찰구를 빠져나간 후였다. 현주는, 특징이 무엇이냐 물으면 한참을 고민할 법한 평범한 인상의 사십 대 여성이었다. 단발머리에 작은 키, 살집이 조금 있는 체격, 회색 면티에 남색 슬랙스 차림, 굳이 특징을 찾자면 덩치에 비해 흉통이 작고 어깨가 안으로 조금 말려 있었다. 그게 어쩐지 불안이라든가 두려움을 잘 다루지 못할 것 같은 인상을 풍겼다.

현주는 태이를 처음 만났을 때 그에게 팬이라고 말했다. 딸인 예빈이가 자꾸 빵을 망가뜨리고 다녀서 고민이라는 이야기를 하기도 했다. 그런 말을 할 때면 현주의 어깨가 더 작고 둥글게 말려서 태이는 '뭐가 문제일까요' 하고 서툴게 호응하곤 했다. 현주가 보이는 애정에 부응하고 싶었던 것 같다. 자신을 좋아한다고 말하는 사람을 무시하기란 쉽지 않은 법이니까. 현주는 애정을 빌미로 그렇게 훌쩍 넘어선 안 될 경계를 뛰어 넘었다.

태이는 쓰고 있던 모자를 지그시 눌렀다. 이런 식이면 사람이 많은 환승역을 약속 장소로 잡은 의미가 없었다. 현주를 인파 속에 몰아넣고 그를 다음 장소로 유인하려던 계획이 어그러졌다. 게이트를 빠져나온 현주는 편의점으로부터 이십 미터 정도 떨어진 거리에서 주변을 훑고 있었다. 앞만 보고 걷겠다던 약속이 무색해지는 순간이었다. 태이는 진열장 깊숙이 몸을 숨겼다. 인파가 없는 상황에서 인근 편의점 안에 있는 사람은 너무도 쉽게 눈에 띄었다. 태이가 소화전을 떠올린 것은 그때였다.

편의점 대각선 방향에 위치한 소화전에서는 상점 내부가 보이지 않을 것이다. 단점은 태이 역시 현주를 잘 볼 수 없다는 점이었다. 그나마 다행인 것은 현주에게 예빈을 납치한 공범이 여럿이라는 분위기를 풍겨 놓았다. 자신을 지켜보는 시선이 다수인 상황에서 섣부르게 행동하기는 어려울 것이다. 태이는 시계를 응시했다. 일 분 뒤면 다음 열차가 온다. 현주가 인파에서 벗어나려 해도 사람들은 또다시 몰려온다.

'개찰구를 나가 소화전 앞에서 대기하세요'

태이는 지령대로 움직이는 현주의 뒷모습을 물끄러미 바라보았다. 자신의 미래를 망친 사람이 코앞에 있었다. 복수하고 싶냐고 묻는다면, 하고 싶었다. 그러나 복수보다 영양제를 받고 싶은 마음이 더 컸다. 현주를 해한다 한들 튼튼하고 잘 달리던 다리가 돌아오는 건 아니니까. 아니, 모든 게 핑계였다.

더없이 중요한 시기

영양제가 필요했다. 다시 달리기 위한 것도 아니고, 이전만큼 통증이 심한 것도 아닌데 왜 마약성 진통제가 필요하느냐 묻는다면 그것을 설명할 자신은 없었다. 다만 영양제가 있으면 잘할 수 있을 것 같았다. 태이의 삶에서 핵심 요소였던 무언가가 망가져 버렸다. 그것은 물론 달리기일 것이다. 그 때문에 태이는 자신의 삶이 끝나버렸다고 생각했다. 초록 신호등이 깜빡이는데 횡단보도를 반도 건너지못했을 때, 무엇을 다시 시작하기에는 자신이 너무 늙어버렸다고 생각하면서 초등 수학을 풀 때, 무언가를 말하고자 하는데 상대가 말을 좀 더 빨리 해줄 수 없겠느냐며 눈썹을 치켜올릴 때(선수 시절에는 그런 말을 들어본 일이 없었다), 앞으로 무엇을하고 싶느냐는 기초적인 질문을 받을 때 태이는 잠깐만, 하고 말하고 싶은 강한 열망을 느꼈다. 내가 내 삶에서 무엇가를 위해 많은 것들을 포기하고 열정을 쏟았는데 그게 끝나버렸어. 잠깐만. 멈춰 봐. 시간이 필요해. 하지만 태이는 한 번도 그런 말을해 본 일이 없었다. 그는 늘 빠른 아이였기 때문이다. 사람들은 그가 중력을 모르는 것처럼 달린다고말했다. 공기를 찢고 다른 차원으로 넘어가는 것처럼 보인다고 했다. 그래서 약이 필요했다. 약을 한다고 해서 환희에 젖었던 건 아니다. 분홍빛 흥분은 초창기에나 느꼈던 감정이다. 그런데 어째서 그것을 계속 했느냐. 영양제를 먹으면 고통을 누르고,

치밀어오르는 불쾌감과 우울감을 잠시 잊은 채 계속할 수 있었다. 훈련에 매진하고, 미래를 상상하고, 상상할 수 있게끔 스스로를 몰아붙일 수 있었다. 그거면 된다고 생각했다. 달리기를 하지 않아도 그런 힘이 필요했다. 더 이상 달릴 수 없으므로 더 그런 힘이 필요했다. 영양제는 태이가 열광하지 않아도 그를 열광하는 상태로, 의욕이 없어도 의욕적인 상태로 만들어줄 것이다. 그래서 금단 증세를 버티는 힘든 몇 달을 지나왔음에도, 예빈의 제안을 듣자마자 너무 쉽게 그에 응해버리고 말았다.

열차 도착 알림이 울렸다. 태이는 현주에게 보낼 문자를 작성했다.

'계단을 통해 환승 통로로 이동하세요. 직진하면 여자 화장실이 나옵니다. 화장실 제일 안쪽 칸, 변기 수조 뚜껑을 열고 물건을 넣어 두세요.'

인파가 현주를 에워싸길 기다리며, 발신 버튼과 개찰구를 번갈아 응시하고 있을 때였다. 승강장 계단 근처에서 주변을 힐끔거리는 중년 남자가 눈에 들어왔다. 눈이 크고 몸집이 땅땅한 민머리였다. 계단을 나온 그는 카드 단말기를 통과하려 했다. 하지만 지하철을 자주 타지 않았던지 표를 찍는 위치를 한 번에 찾지 못했다. 힘들게 게이트를 통과한 남자는 주변을 한 차례 더 둘러보았다. 그의 시선이 소

더없이 중요한 시기

화전에 잠시 머물렀다. 태이의 위치에서는 현주가 보이지 않았지만 그때 어떤 눈맞춤이 있었다고 태이는 느꼈다. 태이가 휴대폰을 들어 남자의 사진을 찍었다. 그것을 예빈에게 보냈다. 고개를 들자 남자와 눈이 마주쳤다. 전화벨이 울렸다. 예빈이었다.

"도망쳐, 외삼촌이야. 잡히면 넌 죽어."

남자가 태이를 향해 다가오고 있었다. 태이는 고개를 떨구고 작성해 두었던 문자를 급히 현주에게 보냈다. 남자가 문을 열고 편의점으로 들어서는 게 보였다. 태이는 무작정 잡히는 과자를 들고 남자를 향해 걸었다. 남자가 움찔 놀라 냉장 진열대 쪽으로 몸을 틀었다. 태이는 그를 지나쳐 계산대에 멈춰 섰다. 남자의 얼굴에 긴가민가 하는 표정이 어렸다. 태이의 얼굴을 확실히 아는 건 아닌 듯했다. 계산을 마친 태이는 편의점을 나섰다. 현주가 목적지를 향해 움직이는 게 보였다. 태이는 현주와 반대 방향으로 움직였다. 남자는 혼란스러운 얼굴로 현주와 태이를 번갈아 보았다. 태이가 빠른 걸음으로 교통카드 단말기를 통과했다. 그런 후 승강장 계단을 향해 냅다 뛰기 시작했다. 그제야 남자도 아차 싶어 태이를 따라 달렸다. 그러나 그는 곧 단말기 앞에 멈춰서 그것을 주먹으로 내리쳤다. 막 지하철에서 내린 사람들이 에스컬레이터와 계단을 통해 물 밀 듯 올라오고 있었다. 태이는 몸을 낮춘 채 사람들을 거슬러 달렸다.

 개찰구를 무단으로 넘은 남자는 어느새 승강장 계단을 오르는 사람들을 밀치고 있었다. 태이는 남자를 한 번 바라본 후 지하철 문 안으로 뛰어들었다. 남자가 지하철에 탑승할 수 있을 거라고 생각지 않았지만 헐떡이며 칸 끝으로 향했다. 지하철 문이 닫히고 있었다. 태이가 숨을 몰아쉬며 다음 칸으로 향하는 미닫이 문을 열려 할 때였다. 누군가가 비명을 내질렀다. 태이는 소리가 난 곳을 향해 고개를 돌렸다. 문틈에 낀 엄지손가락처럼, 슬라이드형 양문 사이에 끼어 있는 남자의 민머리가 보였다. 완전히 닫히지 못한 양문이 반동을 일으키듯 작게 열렸다 닫히면서, 지하철 안으로 들어서려는 남자의 목을 다시 한 차례 찍었다. 사람들이 신음을 내뱉었다. 남자는 눈을 부릅뜬 채 고개를 틀어 태이를 응시하고 있었다. 지하철 문이 완전히 열려버렸다. 남자가 지하철 안으로 걸어들어왔다. 태이는 필사적으로 통로 문을 밀었다. 반자동 문이 묵직해서 잘 열리지 않았다. 남자는 고통스러운 듯 손바닥으로 목을 감싼 채 태이를 향해 걸었다. 태이는 체중을 실어 양손으로 미닫이 문을 밀었다. 남자가 뛰기 시작했다. 미닫이 문이 열렸다. 태이가 반쯤 열린 문을 통과해 다음 칸으로 뛰어들었다. 달려온 남자가 닫히는 문을 한 손으로 잡았다. 그러나 그가 통로를 비집고 나왔을 때에는 태이가 지하철 밖으로 빠져

더없이 중요한 시기

나간 후였다. 지하철 문이 닫히고 있었다. 그 사이로 다시금 몸을 던지려던 남자는, 목을 감싼 채 멈춰 섰다. 남자가 독이 어린 눈으로 태이를 노려보았다. 열차가 출발하기 시작했다.

열차가 승강장을 빠져나가는 것을 확인한 태이는 절뚝이며 계단을 올랐다. 다리가 아팠다. 고작 그만큼 달렸을 뿐인데 다리가 아프다는 사실을 믿을 수 없었다. 예빈에게 전화를 걸었다.

"따돌렸어. 너희 엄마는?"
"지금 화장실에서 나왔어."
"들키지는 않았어?"
"음."

예빈의 목소리에 머뭇거림이 어려 있었다. 태이가 말했다.

"아줌마가 떠나는 것까지 확인해야 해. 나는 지령을 보낼 테니까 너는 미행을 맡아."

돌아오는 대답이 없었다. 잠시 뜸을 들이던 예빈이 말했다.

"내가 물건을 챙기는 게 낫지 않을까. 지금 화장실 앞이니까."
"미행은?"
"……"

"난 거기까지 가는 데 시간이 걸려."

대답이 없었다. 태이는 목이 잠기는 것을 느끼며 물었다.

"물건을 혼자 챙기고 싶은 거야?"
"아냐."

그 대답이 진심이 아니란 건 알고 있었다. 태이 역시 예빈과 같은 마음이었다. 예빈은 혼자 영양제를 가지고 싶어서 미치기 일보직전일 것이다. 둘은 서로의 마음을 들여다보듯 느끼고 있었다. 중독된 다는 건 그런 일이다. 어떤 생각을 하든 어떤 비밀을 갖든 그 사람이 원래 어떤 사람이든, 그것을 전부 눌러버릴 수 있는 단순한 욕구 하나가 길 한복판에 버려진 똥처럼 훤히 드러나 있다. 길을 지나다니는 사람들이 눈살을 찌푸리며 그것을 바라본다. 그것이 추하고 적나라하기 때문이다. 중독자들은 단지 하나의 같은 바람을 가지고 있다는 이유로, 같은 사람처럼 생각하고 행동한다. 각자가 지닌 개별적인 인격이나 특징이 발현될 틈이 없다. 그들이 품은 하나의 바람은 너무도 강렬하고, 뻔하다. 그들은 서로를 경멸하지 않을 수 없다. 침묵을 견디던 예빈이 지친 음성으로 말했다.

"좀 이따 화장실 앞에서 봐."

태이가 화장실에 도착할 무렵, 현주가 떠났다는

더없이 중요한 시기

연락이 왔다. 태이는 화장실 안으로 들어섰다. 남자나 현주가 돌아오고자 한다면 그리 긴 시간이 걸리지 않을 것이다. 서둘러야 했다. 그러나 화장실 안쪽 칸막이 문은 굳게 닫혀 있었다. 사람이 없는 화장실에서 유일하게 닫혀 있는 문이었다. 재수가 없었다. 게다가 닫힌 화장실 칸 안에서 킥킥거리는 통화음이 새어 나오고 있었다.

태이는 세면대에서 세수를 하며 사람이 나오기를 기다렸다. 간헐적인 킥킥거림과 속삭임이 계속되고 있었다. 태이는 달아올라 있는 얼굴과 목에 반복해서 차가운 물을 끼얹었다. 웃음소리가 커졌다. 태이가 수도꼭지를 위로 밀어 물소리를 키웠다. 잠시 후 웃음소리가 멈췄다. 태이는 고개를 들어 거울 속 얼굴을 바라보았다. 그러다 칸막이 앞으로 가 문이 부서져라 두드리기 시작했다.

변기 수조 안에는 응당 있어야 할 물건이 없었다. 엄한 변기 뚜껑도 열어보았지만 물건은 없었다. 빈 수조를 너무 오래 들여다본 탓일까. 태이는 화장실 안에 사람이 들어온 줄도 몰랐다. 그 사실을 깨달은 것은 옆 칸 문이 닫히는 소리를 들었을 때였다. 태이는 숨을 죽인 채 급히 수조 뚜껑을 닫았다. 귀를 기울였지만 옆 칸에서는 아무 소리도 들리지 않았다. 불길했다. 어서 나가야 했다. 잠금쇠를 향해 손을 뻗고 있을 때였다. 조용한 화장실 안에 삐걱이는 소리가 울려 퍼졌다. 변기 뚜껑 내지는 커버가 뒤틀려 나는 소리였다. 뻗은 손 위로 그림자가 졌다. 태이는 고개를 들었다. 화장실 문 위로 얼굴을 들이민 민머리와 눈이 마주쳤다. 남자가 낮고 가래가 낀 목소리로 웃음을 터뜨렸다.

문을 열고 달아날 틈도 없었다. 칸막이 문을 가로막고 선 남자가 문을 치기 시작했다. 그의 주먹이 와서 부딪칠 때마다 문의 경첩이 떨어져 나갈 것처럼 휘어졌다. 잠금쇠도 풀어 헤쳐질듯 흔들리고 있었다. 태이는 등으로 문을 막고 섰다. 충격이 등에 그대로 전해졌다. 태이는 양팔로 벽을 짚고 변기 아랫 부분을 발로 밀며 문에서 밀리지 않기 위해 버텼다. 하지만 진동이 더 심해지고 있었다. 그때 벽에 붙은 빨간 버튼이 눈에 들어왔다. 태이는 벽을 짚고 있던 손을 뻗어 그것을 누르려 했다. 손이 닿지 않았다. 그리고 문짝이 부서지는 소리가 났다. 정수리까지 벌개진 남자가 부서진 문을 거칠게 밀어젖히며 칸막이 안으로 고개를 들이밀었다. 두툼한 팔이 태이의 멱살을 잡아 올렸다. 태이가 끌려나가지 않기 위해 양 팔로 변기 뚜껑을 잡았다. 남자가 태이를 몇 번 흔들자 변기 뚜껑이 뜯겨 나갔다.

"예빈이는 어딨냐."
"도와주세요! 밖에 누구 없어요!"
"예빈이가 이런 짓을 벌인 게 처음인 줄 아냐. 수

더없이 중요한 시기

작들 부리지 말고 예빈이가 어디 있는지 말해."

놀란 태이가 남자를 바라보자 그는 혀를 차며 말했다.

"설마 처음인 줄 알았던 거냐. 원하는 걸 얻을 수 있을 거라고 생각했어?"

태이는 잡고 있던 변기 뚜껑을 놓쳤다. 코 앞에 들이밀어진 게 똥이라는 사실을 알면서도 밟고 말았다. 중독된 자가 얼마나 거짓말을 잘하는지, 남과 자신을 속이는 데 능한지 잠시 잊었다. 태이가 머리를 감싸쥐자 남자가 멱살을 풀었다. 그리고 무언가를 말하려고 했다. 그때 화장실 안으로 역무원 둘이 들이닥쳤다. 태이가 칸막이 안에서 누른 비상호출 통화를 듣고 온 사람들이었다. 그들은 뜯겨진 변기 뚜껑과 남자를 번갈아 보았다.

예빈은 하얗게 질린 얼굴로 태이를 기다리고 있었다. '물건은?' '없었어'가 마지막 대화였다. 그들은 앞 뒤로 거리를 둔 채 인근 아울렛 지하 주차장까지 걸었다. 차에 먼저 당도한 태이는 문 앞에 멈춰 섰다. 뒤따라 온 예빈이 조수석 문을 딸깍딸깍 당겼다. 열리지 않는 차문을 반복해서 당기던 예빈이 고개를 들어 '열어줘' 하고 속삭였다. 태이는 뒷목이 뜨끈해지는 것을 느끼며 말했다.

"납치극이 처음이 아니라며."

예빈은 당황한 듯 콧등에 손을 얹었다. 그렇게 콧등을 몇 번 만지작거리다 중얼거리듯 말했다.

"이번에는 잘 될 줄 알았어."

"이미 노출된 계획이?"

"미안. 사실대로 말하면 네가 나오지 않을 거라고 생각했어."

"실패할 계획이니까."

"이제부터는 속이는 것 없이 전부 말할게. 네 의견을 들을게."

"끝났어."

태이가 고개를 저었다. 예빈이 '제발' 하고 말했다. 태이의 가슴 속에서 묵적지근한 무언가가 올라왔다. 제발이라고 말할 정도였다면 일을 이런 식으로 만들어서는 안 됐다. 제멋대로 일을 망쳐놓고는 응석 부리듯 제발이라니…… 빵에 구멍을 낼 때에도 의아했을 뿐 화가 나지는 않았다. 달리지 못하게 된 것도 현주와의 일 때문이지 예빈의 탓은 아니라고 생각했다. 그 일을 두고 예빈이 무신경하게 신경을 긁어댈 때에도 분노를 느끼지 않았다. 더 이상 달리고 싶은 마음이 없었으니까. 그러나 제발은, 아니지 않은가.

"넌 스스로 뭘 해 본 적이 없지?"

"……"

"끝까지 마음 바쳐서 뭘 시작하고 마무리 지어본

더없이 중요한 시기

적도 없지? 그래서 이렇게 어영부영이야? 늘 이렇게 비겁해?"

예빈이 코를 긁기 시작했다. 태이가 말했다.

"제발이라고 하면 너희 엄마는 들어줬겠지."

해선 안 될 말이었는지도 모른다. 나른하게 반쯤 감겨 있던 예빈의 눈에 불이 들어왔다. 태이는 몸을 돌렸다. 그가 차에 타려 할 때였다. 묵직한 무언가가 그의 머리를 강타했다. 태이는 눈앞이 아뜩해지는 걸 느끼며 고꾸라졌다. 먹색으로 흔들리는 화면 안에서 예빈이 빨간 망치를 든 채 그를 내려다보고 있었다. 예빈은 태이를 지그시 바라보다 휴대 전화를 꺼냈다. 그는 자신과 쓰러져 있는 태이를 한 화면에 담을 수 있도록 휴대폰을 비스듬하게 올려 든 채 통화 버튼을 눌렀다. 화면 안에 현주가 나타났다. 그가 말을 꺼내기도 전에, 예빈이 누워 있는 태이를 가리키며 말했다.

"엄마, 물건을 가져오지 않으면 내가 애를 죽일 거야."
"……"
"새 장소랑 시간을 알려줄 테니까 이번에는 혼자서 와."

*

태이가 뒤통수에 달린 주먹만한 혹에 손을 가져다 대자 예빈은 괴로운 듯 몸을 비틀었다. 하지만 태이는, 자신이었다면 그보다 더 좋은 수를 내지 못했을 거라고 생각했다. 그들이 누구에게 그런 협박을 할 수 있나. 누구에게 그만한 가치를 가지나. 야비할지언정 예빈의 협박은 적절했다. 게다가 뾰족한 쇠 부분이 아니라, 플라스틱으로 된 망치 허리로 머리를 가격한 건 괜찮은 배려였다. 태이의 손에 피가 묻어나는 것을 보자 예빈은 신음을 내뱉었다. 태이는 손을 대충 문질러 닦은 후 시동을 걸었다. 어디로 가야 하는지 알지 못했으나 어서 자리를 떠야 한다는 사실은 분명히 알고 있었다.

허벅지 위에 놓인 망치를 어쩌지 못하고 있던 예빈이 그것을 슬그머니 밀어 차 바닥에 떨어뜨렸다. 그렇게 하면 그것이 없는 물건이 되는 것처럼. 태이가 고개를 저으며 말했다.

"물건이 어디 있었는지 정도는 알 거 아냐."
"미안."

예빈은 망치를 잡아본 일이 없는 사람처럼 그것을 조심스럽게 들어 글러브 박스에 넣었다. 그 모습이 어이없고 우스꽝스러워서 태이는 피식 웃었다. 그러다 어떤 절망감을 느꼈다. 그가 시선을 돌리며 말했다.

더없이 중요한 시기

"너희 엄마는 네가 약을 하는 걸 모른다며."

"원래는 몰랐어. 그런데 최근에 약을 사려고 엄마 돈을 훔친 게 문제가 됐어. 그게 아니었으면 걸리지 않았을 거야."

"언젠간 들통날 일이었다는 거구나. 납치극이 처음이 아니라는 말은 뭐야?"

"그건 엄마 때문이야. 엄마가 핸드폰이랑 내 자유 시간을 전부 없애버렸어. 지금 폰도 얼마나 어렵게 구했는지 몰라. 그렇게 하면 내가 약을 끊을 수 있을 거라고 생각했나 봐. 그런데 넌 알잖아. 그럴 수 없다는 걸. 그래서 어떻게든 해 보려고 납치된 척을 했어. 그런데 그게 또 걸린 거야. 처음이고 혼자라서 잘 안 됐던 거지. 그때 떠오른 게 너였어."

"왜? 내가 달리지 못하게 돼서?"

"아니, 엄마가 널 무서워하니까. 네가 제보를 하면 내 인생은 끝장날걸."

태이가 예빈을 바라보았다. 예빈은 몸을 늘어뜨린 채 콧등의 상처를 만지작거리고 있었다. 그 모습이 정신 나간 사람처럼 보였다.

"내가 진짜로 제보하면 어쩌려고 그래?"

"달리는 걸 그만둬야겠지."

"……"

잠시 말이 없던 예빈이 허공을 바라보며 말했다.

"난 딱히 잘 달리지 못하지만 그건 알아. 넌 제보하지 않을 거야. 그럼 너도 영원히 돌아올 수 없을 테니까."

"돌아갈 마음도 없지만 내가 원한다 해도 난 돌아갈 수 없어. 이미 그렇게 결정이 났어."

예빈은 동문서답을 하듯 멍하니 대답했다.

"난 너처럼 달리는 걸 좋아하는 사람을 본 적이 없어."

맞다. 달리는 걸 좋아했다. 좋아하니까 누구보다 잘하고 싶었다. 마음을 바쳐 달렸다. 그러나 달리다 보면 알게 되는 것들이 있다. 무언가를 좋아하는 데 자격이 필요하다는 사실을 말이다. 잘 달리지 못해서 누군가의 들러리가 되거나 비웃음을 사는 건 괜찮다. 아니 괜찮지 않아도 견딜 수 있다. 그보다 가슴 아픈 일은 따로 있다. 잘하지 못하면 그 세계에 계속 몸담고 있을 수가 없다. 혼자 좋아하는 건 짝사랑에 지나지 않는다. 좋아한다면, 계속 좋아하기 위해서는, 증명해야 한다. 네가 가진 모든 기량과 열정을 쏟아서 네 마음을 입증해 보인다면 글쎄, 이곳에 있는 걸 허락받을 수도 있겠지. 그 세계의 공기와도 같고 율법과도 같은 누군가가 말한다.

그러다 가진 기량과 열정만으로는 해결되지 않는 지점이 있다는 사실을 깨닫는다. 평생 그 안에 있을 수 있을 줄 알았는데 그게 불가능하다는 걸 깨닫는 순간이 온다. 적어도 태이는 그랬다. 그럴 때 영양제 같은, 그가 무리할 수 있게끔 도와주는 것들에 손을 뻗쳤다. 손을 대는 순간 그 세계에서의 생명은 끝난 것이나 다름없는데 그때는 그 사실을 알지 못했다. 무리하면 될 줄 알았다. 계속 무리하는 상태로 있었다. 그러다 불쑥 묻게 되는 것이다. 이 짓을 언제까지 계속해야 하는 걸까? 그 세계에서 숨쉬기 위해 자신이 존재한다고 믿었던 사람들이 지친 얼굴로, 수치심에 휩싸인 얼굴로 그런 질문을 던진다. 그럼 누군가가 말한다. 조금만 견뎌. 큰 대회에서 수상을 하고 기록을 갱신한다면 고통을 보답받을 수 있을지도 모르지. 성취를 이룬다면 이십 대 중반에 은퇴를 할 수도 있을 거야. 지금 발 빼기에는 너무 많은 시간을 투자하지 않았나. 아무것도 이루지 못한다면? 대답은 돌아오지 않는다. 이십 대 중반에 은퇴라니. 남은 인생이 긴 데 비해 성취하는 데 주어진 시간은 너무 짧다. 영양제가 더 필요하다.

약쟁이의 핑계일지도 모르겠으나 이 모든 게 애정에서 비롯되었다. 좋아서 시작한 일은 성취욕으로 변모해 있다. 그는 그 세계를 떠나야 할지도 모른다는 운명을 직감하면서 무엇이든 움켜쥐고자 한다. 애정과 성취욕이 어떻게 뒤섞여서 하나가 되어

버린 건지 태이는 잘 모른다. 애정이 분노와 슬픔으로 뒤바뀌는 것을, 박탈감으로 변모하는 것을, 자기혐오가 되어 온몸을 두드리는 것을 바라본다. 그리고 애정이 육상 세계에 입성하기 위한 입장권에 불과했다는 사실을 깨닫는다. 입장권만으로는 그 세계를 즐길 수 없어서 자꾸 비용을 지불해야 했다. 가진 돈이 없는 줄도 모르고, 그 돈이 전부 빚이 된다는 사실도 모른 채 그렇게 했다.

"좋아했어. 그래서 이용당하고 배신당한 것 같아."
"누구한테?"
"모르겠어. 누구한테 당한 건지 모르겠어."
"……"
"어쨌거나 제보는 안 할 거야. 이제 달리기도 싫고 그쪽이랑 연루되고 싶지도 않아."

글러브 박스를 내려다보던 예빈이 물었다.

"우리 엄마를 죽이고 싶진 않아?"
"가끔."
"난 자주 그런데. 엄마랑 있으면 돌 것 같아서 약을 하고 싶은데, 엄마가 없으면 불안해서 약 생각이 더 심해지는 거야. 그래서 내가 엄마 때문에 약을 하는 건지, 그나마 덜 하는 건지 잘 모르겠어. 그게 너무 헷갈려."
"……"

더없이 중요한 시기

"어렸을 때 일인데, 내가 혼자 놀이터에서 놀고 있으면 엄마는 숨어서 날 지켜보다가 낯선 사람한테 말을 걸었어. 저기 놀이터에서 혼자 놀고 있는 꼬마가 제 딸이에요, 저 좀 도와주시겠어요? 세상이 너무 불안하고 무섭잖아요. 그러면 엄마 부탁을 들어주는 사람들이 있어. 부모가 아이를 해할 리 없다고 믿는 그런 사람들 말야. 그들이 나한테 다가와서 말을 거는 거야. 네가 예빈이니? 너희 아빠가 저쪽에서 너를 기다리고 있어. 아빠가 너를 데려오라고 하는데, 나랑 같이 갈래? 그런데 난 태어나서 아빠를 한 번도 본 적이 없어. 그렇다고 특별히 아빠가 보고 싶은 것도 아냐. 그럼 엄마가 화를 낼 게 뻔하거든. 문제는 내가 거절을 잘 못한다는 거야. 사람들을 실망시키고 싶지 않아. 그건 너무 마음 아픈 일이잖아. 순전히 그 이유로 낯선 사람을 따라가는 거야. 그런데 말야. 약속 장소에 가면 갑자기 엄마가 나타나. 정말 무서운 얼굴을 하고 나한테 달려드는 거야. 엄마는 내가 자기를 배신했고, 우리를 망칠 거라고 해. 자기는 나를 위험으로부터 지키려고 애쓰는데 넌 우리를 위험에 빠뜨리려 한다고 말해. 내가 아냐, 하고 억울해서 화를 내면 엄마는 날 버리고 혼자 뛰어가 버려. 차라리 여기서 널 버리는 게 낫겠다면서 말야. 그럼 나는 엄마를 놓칠까봐 막 달리는 거야. 내가 할 수 있는 건 소리를 죽이고 엄마를 따라가는 일뿐이야. 소리를 내면 엄마가 더 빨리 뛰어가 버릴 테니까. 엄마는 늘 필요 이상으로 많이 달려. 그리고 정신이 들면 울면서 나를 끌어안아. 엄마를 따라와 줘서 고맙다고 말해. 그리고 널 너무 사랑해서 엄마가 제정신이 아니었다고 해. 그리고 그런 일들이 끊임없이 반복돼."

태이는 예빈을 바라보았다. 그의 엄마는 생각보다 더 끔찍한 사람이었다. 태이는 할 말을 찾다 포기하며 말했다.

"거 참 달리기에 도움이 되는 사람이네."

예빈이 실소했다. 그러다 웃음을 멈추고 말했다.

"엄마는 네가 아름답게 달린다고 말했어."
"그래서 나한테 영양제를 줬고 말이지."
"나한테 방해가 되는 것들을 없애야 한다고 생각해. 사실은 자기한테 방해가 되는 것들이지만."
"아름답다고 해놓고."
"그래서 위협적으로 느껴지나 봐."
"그런 것들을 다 없애고 나면 뭐가 남는 거지?"
"그러게, 망할."

그들은 같은 장소를 뱅글뱅글 돌았다. 예빈은 생각에 잠긴 듯 말이 없었다. 태이는 어딘가로 가고자 했으나 갈 수 없다고 느꼈다. 그러다 그는, 오래 달

더없이 중요한 시기

리기를 할 때면 꼴등을 하던 반 친구 두어 명을 떠올렸다. 그들은 운동회나 체력장 날만 되면 둘도 없는 친구가 되는 아이들이었다. 그들은 달리기 전에 '우리 절대로 서로를 앞질러 가지 말자, 사이 좋게 나란히 결승점에 들어가자' 약속을 하고는 도착점 앞에만 가면 누구라고 할 것 없이 얼굴을 일그러뜨린 채 전력을 다하곤 했다. 달리기가 끝나면 그들의 우정도 끝이 났다. 등장인물은 조금씩 달랐으나 모양은 같은 그런 우정이 태어났다 죽는 것을 태이는 해마다 보아왔다. 목적지에 빨리 도착하면 흔히 볼 수 있는 풍경이었다. 그리고 태이는 지금 자신이 그런 짓을 하고 있는 건 아닌가, 생각했다. 그와 예빈은 정작 해야 할 이야기를 미루고 있었다. 누구보다 영양제를 원하면서도. 태이가 엑셀을 밟으며 말했다.

"다음 약속을 잡자."

생각에 잠겨 있던 예빈이 코로 손을 가져가려다 그러기를 멈추며 말했다.

"삼촌이 문제야. 약속 시간을 좀 늦게 잡아야 할 것 같아."

"언제쯤으로?"

"밤 열 시 이후에는 삼촌이 나올 수 없을 거야. 야간 근무가 있거든. 일을 바꾸고 싶어도 도저히 바꿀 수 없다고 엄마한테 말하는 걸 들었어. 넉넉하게 밤 열두 시 정도로 잡으면, 엄마 혼자 움직여야 할 거야."

"열한 시가 좋을 것 같아."

"왜?"

"오늘 안에 일을 마무리했으면 좋겠어."

잠시 생각하던 예빈이 말했다.

"좋아. 나도 회장에 가려면 시간을 앞당기는 게 낫긴 해."

도로를 응시하던 태이가 불쑥 말했다.

"약속 장소를 대회장 근처로 잡는 건 어때."

"뭐? 회장이 어디라고 생각하는 거야."

"체전이 어디서 열리는지 정도는 알아. 고속도로를 타면 세네 시간이면 갈 수 있어."

"고속도로에서 운전해 봤어?"

"아니."

"그런데 어떻게……"

"예전부터 해보고 싶었어."

예빈이 흔들리는 눈동자로 태이를 바라보았다.

*

휴게소 영업 정지 안내판이 수킬로미터 전부터 번쩍이고 있었다. 내내 그것을 무시한 채 달렸다. 차는 좁고 어두운 휴게소 진입로에 들어섰다. 고속

더없이 중요한 시기

도로에 들어선 지 두어 시간이 지난 때였다. 정차하는 순간에도 예빈은 불안한 듯 텅 빈 주차 공간을 두리번거리고 있었다. 불 꺼진 휴게소에서는 인적을 찾을 수 없었다. 임차료 분쟁으로 임시 휴업한 휴게소를 만남의 장소로 삼는 게 그들에게 좋은 일일 것 같지는 않았다. 하지만 태이는 그곳이라면 일대일 만남이 가능하리란 생각에 모험을 감행했다. 그는 운전대를 만지작거리며 지나온 도로를 응시했다.

차에 단말기가 장착돼 있지 않았지만 그들은 하이패스를 통해 고속도로에 진입했다. 창을 내리고 얼굴을 드러낸 채 통행증을 받는 위험을 감수할 수 없었기 때문이다. 고속도로 이용 요금은 차 주인에게 고지서로 날아갈 터였다. 그것은 두렵지 않았다. 다만 요금소를 지나기 위해 속도를 올릴 때 태이는 무언가 돌이킬 수 없는 선을 넘었다는 느낌을 받았다. 영양제를 맞을 때에도 느끼지 못했던 감정이었다. 그는 자신이 이제 도저히 해명할 수 없고 스스로를 보호할 수 없는 어딘가로 가고 있다고 느꼈다.

고속도로의 차들은 일반 도로의 차들과는 종이다른 것처럼 쌩쌩 달렸다. 도로 폭도 미묘하게 달랐다. 그런 상황에서는 차가 제대로 도로 한가운데로 달리고 있다는 확신을 가질 수 없었다. 사이드미

러를 보며 차선을 확인하려 하면 속도가 떨어져버려서 뒤에서 오는 차들이 그를 밀어버릴 것만 같았다. 유백색 가드레일도 답답하고 두렵게 느껴졌다. 태이는 자신이 미친 짓을 벌였다는 사실을 알았다. 그렇게 핸들을 쥔 채 삼십여 분을 떨었을까. 고속도로 운전이 살짝 몸에 익을 즈음, 어떤 적막이 찾아왔다. 무섭도록 고요한 순간이었다. 그것은 선수 시절 컨디션이 좋을 때 간혹 느꼈던 감각을 떠올리게 했다. 주변이 지독하게 조용해지고, 자신의 숨소리만 들리는, 정신이 명료하고 몸이 깨어 있는 듯한 쾌적한 상태. 트랙 위로 돌아간 듯한 느낌에 집중하다 보면 지나치게 엑셀을 깊게 밟곤 했다. 그럴 때면 계기판을 노려보던 예빈이 다급하게 '너무 빨라!' 하고 외쳤다. 그러면 태이는 마지못해 속도를 조금 줄였다. 그는 터널에 들어갈 때면 터널과 외부의 밝기 차이 때문에 빨려 들어가는 듯한, 조금 몽롱한 느낌을 받았다. 그 역시도 싫지 않았다. 터널 안에는 속도를 줄이라는 사인이 있었다. 태이는 그것을 무시한 채 달렸다. 그럴 때면 조수석에서 예빈이 안고 있는 빵을 손으로 으스러뜨리고 있다는 사실도 깨닫지 못했다. 가고 싶은 곳은 없었다. 그저 밤새 그곳에서 달리고 싶었다.

태이가 차에서 내릴 때에도 예빈은 웅크린 채 차 안에 있었다. 태이는 불 꺼진 식당가와 자물쇠가 채

더없이 중요한 시기

워진 화장실, 접근 금지띠가 둘러진 주유소를 한 차례 돌아보았다. 인적이 없는 야밤이라 그런지 휴게소가 더 휑뎅그렁해 보였다. 태이는 휴게소 창에 비친 자신의 얼굴을 물끄러미 바라보다가 고개를 돌렸다. 그가 차로 돌아갈 때까지도 예빈은 차 안에 꿈쩍하지 않고 있었다. 태이는 시간을 한 번 더 확인하며 말했다.

"문이 전부 잠겨서 있을 데가 마땅치 않아. 숨으려면 건물 뒤편으로 가야 할 것 같아."

예빈은 말이 없었다. 휴게소에 도착하기 전 그가 엄마와 직접 만나고 싶지 않다고 했을 때 태이는 고개를 끄덕였다. 그 누구도 자기 엄마와 마약 거래를 하고 싶지는 않을 테니까. 그래서 예빈이 숨어 있을 만한 장소를 물색한 것인데 그는 침울한 얼굴로 콧등만 만지고 있었다. 태이가 다시 시간을 확인하며 진입로를 바라보았다. 예빈이 코에서 손을 떼며 말했다.

"대회에 나간다는 생각부터 미친 짓이었어."

"……"

"전부 바보 같아. 그만하고 싶어."

태이는 예빈을 바라보다 물었다.

"그만두겠다는 말이야?"

예빈이 코를 움켜잡았다 놓기를 반복했다. 그러

다 감정이 느껴지지 않는 빠른 어조로 말했다.

"여기 오는 내내 생각했어. 엄마가 없으면, 나는 원하는 걸 실컷 할 수 있고 너도 그걸 편하게 얻을 수 있을 거라는 말이야. 그럴 거라고 생각하지 않아?"

"무슨 말이야?"

"너도 우리 엄마를 죽이고 싶다고 했잖아."

태이는 흠칫 놀라 고개를 저었다. 예빈이 굳은 어조로 반복했다.

"너도 엄마를 죽이고 싶다고 했잖아."

"넌 죽이고 싶은 사람을 다 죽여?"

"그래야 하는 사람이라면."

태이는 더없이 또렷하게 부글거리고 있는 예빈의 눈을 바라보다 등을 돌렸다. 그와의 대화가 조금 버겁게 느껴졌다. 숨을 거칠게 쌕쌕거리던 예빈이 입을 열었다.

"내가 약 이름을 알아."

"……"

"약 이름을 안다고."

"또 거짓말을 한 거야?"

"약 이름을 알았다면 네가 이 일에 동참하지 않았을 테니까."

"개소리 하지 마!"

더없이 중요한 시기

"나도 너처럼 엄마 때문에 약을 시작했어. 엄마가 너한테만 약을 먹인 건 아니야."

예빈이 일그러진 얼굴로 웃음을 터뜨렸다.

현주가 예빈에게 처음 약을 권한 건 오 년 전이었다. 현주는 그것이 집중력과 학습 능력 향상에 도움이 되는 중독성 없는 약이라고 말했다. 하지만 그것은 엄밀히 말하면 마약성 각성제였다. 코카인이나 암페타민을 썼던 사람들이 대용품으로 찾기도 하는 중추신경 흥분제로 처방을 받아야만 살 수 있는 약이었다. 문제는 예빈이 그 약을 처방받아야 할만큼 산만하거나 훈련 능력이 떨어지는 아이가 아니었다는 점이다. 오히려 평균보다 뛰어난 축에 속했다. 그 때문에 현주는 거짓 처방전을 써서 원하는 약을 처방받았고 그것을 예빈에게 먹였다. 이를테면 예빈이 훈련을 받을 때, 중요한 시험과 대회를 앞두고 있을 때, 심하게 긴장을 할 때마다 그렇게 했다. 딸의 사소한 실수가 그를 겁에 질리게 했기 때문이다. 현주의 세계는 늘 사소한 일들로 무너졌다. 그는 딸에게 어째서 자신을 가만히 놔두지 않는거냐고 화를 냈다. 둘 뿐인 작은 세계의 일원이던 예빈은 그 때문에 늘 약이 필요했다. 처음에는 불면증과 구토감 때문에 고생을 하기도 했지만 그는 불안을 다룰 다른 방법을 찾을 수 없었다. 약을 많이 복용하면 기분이 좋아진다는 사실도 알았다. 약을 양껏 먹을 수 없는 게 불만인 때도 있었다. 예빈은 중학교에 입학할 무렵부터 스스로 약을 구하기 시작했다.

불법적 경로로 약을 구하는 건 어렵지 않았다. 현주가 준 약보다 기분 좋고 신나는 것들이 있었다. 그러다 마약성 진통제를 만났다. 예빈이 선택한 것은 진통제 중에서도 독한 축에 속하는 약이었다. 그것은 훈련으로 지치고 아픈 예빈의 몸을 이완시켜줬고, 긴장을 완화시켰다. 통증을 잊을 수 있다는 것, 좋아질 일이 없는 기분까지 좋아지게 한다는 건 엄청난 매력이었다. 그리고 그 사실을 알게 된 현주는 예빈이 컵만 떨어뜨려도 경련을 하던 때와는 달리, 대수롭지 않다는 듯 행동했다. 눈 앞에서 약을 치워버리고, 예빈의 자유를 빼앗으면 그가 괜찮아질 거라는 듯. 그때 현주가 약 처분처로 삼은 게 태이였다. 그는 자기 차가 긁히면 남의 차를 긁어버려야 속이 편안해지는 사람처럼 약을 태이에게 떠넘겼다. 약을 빼앗긴 예빈은 돌아버렸다. 약도 문제였지만 자신이 버림받았다고 느꼈다. 현주는 과오를 인정할 생각도, 그것을 뜯어고칠 마음도 없어 보였다. 말 없이 예빈의 약을 숨기고 버렸을 뿐이다. 예빈은 그때 처음으로 현주를 죽이고 싶다고 생각했다. 그들은 그렇게 숨바꼭질을 시작했다. 약을 훔치고, 돈을 훔치고, 조용히 서로를 잡고 물어뜯는. 일

더없이 중요한 시기

전에 예빈이 현주로부터 돈을 훔쳐 대량으로 구매한 것도 그 약이었다. 그 사실을 알게 된 현주는 그약을 또다시 예빈으로부터 빼앗아갔다. 이 모든 납치극은 예빈이 자신의 약을 되찾기 위한 여정이라고 할 수 있었다.

예빈이 무표정한 얼굴로 말했다.

"엄마는 내가 불행해져야 안심하는 것 같아. 나와 함께 엄마를 죽이면 약 이름도 알려주고, 그걸 전부 너에게 줄게. 난 또 구하면 되니까. 양이 꽤 될 거야."

"너는 처음부터 모든 걸 알고 있었어."

"……"

"처음부터!"

"그게 뭐. 태이야, 의외로 많은 사람들이 그 약을 해. 너만 하는 건 아냐."

태이는 머리가 아뜩해지는 것을 느꼈다. 예빈의 콧등에서 피가 흐르고 있었다. 그는 멀쩡하던 코를 결국 터뜨려버렸다. 예빈은 피가 흐르는 것도 알지 못한 채 형형한 눈으로 태이를 응시했다. 그러다 속삭이듯 '이런 내가 미쳤다고 생각해?' 하고 물었다. 태이는 고개를 저었다. 예빈이 태이의 팔을 잡았다. 태이는 당황해서 그것을 내려다보다 다시 고개를 저었다. 예빈의 생각에 동의하는 건 아니었지만 어떤 죄책감을 느꼈다. 그것이 어디에서 비롯된 감정인지 알 수 없었다. 진입로와 예빈을 번갈아 보던 태이는 할 말을 찾다 무너지듯 말했다.

"생일이 언제야?"

"10월."

"난 한 시간 뒤야."

예빈이 의아한 얼굴로 태이를 바라보다 말했다.

"축하해."

"한 시간 뒤면 더 이상 촉법소년이 아니게 된다는 말이야. 너희 엄마를 죽일 생각이었다면 더 일찍 계획을 세우고 처벌을 최소화할 수 있는 선에서 움직였을 거야. 그런데 나는 그럴 생각이 없어. 약을 받고, 약 이름을 알고 싶어. 그게 다야. 실행을 오늘로 고집한 것도 그 때문이야. 이 일이 문제가 된다면, 내가 촉법소년이란 걸 핑계로 법망을 빠져나가려고."

"촉법소년이면 우리 엄마를 죽여도 되잖아! 너도 죽이고 싶다고 그랬잖아."

"내가 뭣 때문에? 고작 영양제 때문에?"

"자꾸 영양제라고 말하지 마! 고작이라고 하지만 너 사실 그 생각밖에 없잖아. 다른 건 다 필요 없다고 생각하잖아, 아냐?"

"아냐, 그게 아냐."

"……"

더없이 중요한 시기

"멀쩡하게 살려면 그게 필요해서 그래."

혼란스러운 얼굴로 태이를 바라보던 예빈이 '너 미쳤구나' 하고 중얼거렸다.

태이는 살인자가 아니다. 그는 효율적인 몸 관리와 시간 관리에 익숙한 사람이었다. 태이가 약을 구하려는 목적 역시 효율성과 관련이 있었다. 이제 더이상 뭘 좋아한다거나 무언가에 열정을 바칠 수 있다고 생각하지 않으니 약으로 자신을 속여볼 생각이었다. 애정을 가진 척, 더 할 수 있는 척, 상처받지 않은 척, 잠들 수 있는 척, 무섭지 않은 척, 숨 쉴 수 있는 척. 약의 힘으로 해 볼 생각이었다. 그래서 자신이 덜떨어졌다거나 너무 느리다는 느낌 없이, 보통이라든지 평범하다든지 하는 말이 무엇인지는 잘 모르겠으나 그렇게 일컬어지는 삶을 살고 싶었다. 그래서 마지막 촉법소년기에 일을 벌였다. 이시기에는 범죄를 저질러도 감형이 가능하니까. 그것은 어쩌면 다시 오지 않을 시기이고, 기회이니까. 그래서 이 황금기는 복수가 아니라 새 삶을 위해 효과적으로 쓰여야 했다. 태이가 느끼고 있는 죄책감의 정체는 아마도 현주를 미워하고 증오하면서도, 그 감정이 불필요하다는 이유로 덮어버리려는데서 오는 마음일 것이다. 마음을 배반하는 데서 오는 낯뜨거움일 것이다.

태이는 예빈의 손을 뿌리쳤다. 차 주변을 서성이다 보닛과 앞 유리를 딛고 차체 위로 올라갔다. 차 위에 서서 휴게소 진입로를 바라보았다. 그러다 주저앉아 얼굴을 훔쳤다. 약 생각이 너무 간절했다. 약이 있다면 이렇게 처참하고 우울한 기분을 느끼지 않아도 될 것이다. 지금이라도 현주를 같이 죽이겠다고 말하고 약 이름을 묻고 싶은 강렬한 유혹을 느끼지 않아도 될 것이다. 그저 약을 먹고 차오르는 느낌을 만끽하면서, 바라는 어딘가에 도달할 수 있을 거라는 낙관 속에서. 태이는 남은 삶이 지나치게 길다고 느꼈다. 현주의 차가 휴게소 진입로에 들어서는 게 보였다.

거래는 물 흐르듯 이루어졌다. 현주는 이번에는 허튼 수작을 부리지 않았다. 약속대로 실내등과 실외등을 전부 켠 채 차 문과 창문, 트렁크를 열고 진입로에 들어섰다. 태이는 현주에게 차 안과 트렁크가 보이도록 차를 세운 후 기다리라고 말했다. 차가 섰다. 차 안에 다른 누군가가 타고 있는 것 같지는 않았다. 주변에는 휴게소 외에 차를 세울 만한 장소가 없었다. 함께 온 다른 차량이 있다 하더라도 휴게소에 들어오지 못한다면 고속도로 먼 저편으로 떠밀려 가야 하는 상황이었다. 멈추고 싶어도 멈출 수가 없을 것이다. 현주와 태이는 삼십 미터 남짓 되는 거리를 두고 대치했다. 표정이 잘 보이지 않

더없이 중요한 시기

았지만 현주의 얼굴은 딱딱하게 굳어 있었다. 태이는 현주의 얼굴을 보면 걷잡을 수 없이 화가 날 거라고 예상했었다. 그러나 막상 보니 별 감정이 생기지 않았다. 마음이 부유하는 것처럼 자신으로부터 멀어지는 것을 느꼈다. 십여 분 후 태이는 현주에게 주차 공간으로 오라고 손짓했다.

주차를 마친 현주는 운전석에서 내려 태이의 승용차를 한 차례 훑어보았다. 태이는 선팅된 앞 유리를 타고 땅으로 내려갔다. 현주가 주변을 둘러보며 물었다.

"예빈이는?"
"아줌마를 만나지 않겠대요. 영양제는요?"

현주가 고개를 숙인 채 이를 한 차례 질끈 앙다물었다. 그는 고개를 들며 애써 침착한 어조로 말했다.

"대회는?"
"제가 데려다주기로 했어요."

태이의 대답을 들은 현주의 얼굴이 시뻘개졌다. 태이는 사람 얼굴색이 그렇게 급변하는 걸 본 적이 없었다. 현주는 말없이 태이 어깨 너머를 바라보았다. 그는 도착 이래, 단 한번도 태이를 쳐다보지 않았다. 잠시 그러고 있던 그는 감정이 담기지 않은 목소리로 말했다.

"약을 전부 줄 테니까 그 애가 어디 있는지 말해.

그리고 넌 그 애를 버리고 떠나는 거야. 나는 그 애를 데리고 집으로 돌아갈 거야. 대회는 없어. 이제 그 애가 원하는 건 어떤 것도 해주지 않을 거야."

"……"

현주가 태이를 쏘아보며 물었다.

"어때, 이게 네가 원한 거 아니니?"

그건 태이가 원한 일이 아니었다. 예빈이 대회를 정말 나가고 싶어 하는지도 의문이었다. 현주는 자신의 바람을 타인의 바람인 양 말하는 재주가 있었다. 하지만 그건 나쁘지 않은 제안이기도 했다. 그렇게 한다면 예빈과 약을 나눌 필요도 없고, 번거롭게 회장까지 갈 이유도 없다. 예빈이 차에 타고 있지 않았다면 태이는 그 제안에 응했을지도 모른다. 하지만 차 안에 예빈이 있었다. 태이가 고개를 저으며 말했다.

"약속은 예빈이랑 먼저 했어요. 아줌마는 영양제를 주고 돌아가시면 돼요."
"그럼 약을 줄 수 없어."

태이는 현주를 바라보다 그가 가장 싫어할 말을 했다.

"현주 씨. 저는 촉법소년이에요. 하고자 한다면 뭐든 할 수 있어요. 가능성이 무궁무진하다고요."

더없이 중요한 시기

"……"

"저는 선수 생활도 끝나버렸고, 약을 한다고 밝혀도 초범인 이상 큰 처벌을 받지 않을 거예요. 하지만 현주 씨랑 예빈이는요? 제가 예빈이 경력을 전부 끝내버릴 수 있다는 걸 알면서 모른 척하시는 거예요?"

"……"

"하지만 제가 지금 원하는 건 약뿐이에요. 그걸 받으면 아무 일도 벌이지 않고 돌아갈 거예요. 아줌마를 다시 보고 싶지 않은 건 저도 마찬가지니까요. 절 자극하지 마세요."

현주의 얼굴이 일그러졌다. 그것이 통제할 수 없는 것에 대한 불쾌감인지, 자신과 다른 질서에 속한 자에 대한 두려움인지 알 수 없었다. 태이는 시계를 바라보았다. 열한 시가 훌쩍 넘은 시간이었다. 생각에 잠겨 있던 현주가 물었다.

"네가 아무 소문도 내지 않을 거란 사실을 어떻게 믿지? 예빈이한테 더이상 접근하지 않을 거라는 약속은?"

내일이 생일이라고 말해 줄 수도 있겠으나, 그러면 현주가 약을 주지 않으려 할 것이다. 태이는 웃었다. 웃음이 너무 쉽게 나왔다.

"저랑 거래를 하려는 거예요? 조만간 도핑 검사를 해야 한다는 제보가 들어갈 거예요."

"……"

"그리고 먼저 접근한 건 예빈이었어요."

그 말에 현주는 상처받은 얼굴을 했다. 태이는 운전석을 향해 걸었다. 차 문을 열려고 할 때 현주가 그를 불렀다.

"기다려."

열려 있는 현주의 트렁크 안은 깨끗하게 정리되어 있었다. 공구 상자와 캐리어, 골프가방, 우산과 마른 걸레 같은 것들이 보였다. 현주는 운전석 안으로 몸을 기울인 채 한참을 나오지 않고 있었다. 영양제를 깊숙이 숨긴 듯했다. 태이는 현주가 나오길 기다리며 20인치의 남색 캐리어를 바라보았다. 예빈이 대회 때마다 들고 오던 가방이었다. 태이는 그것을 슬쩍 들어보았다. 무게가 상당했다. 현주는 예빈을 대회에 내보내지 않을 거라고 했지만 약 거래를 하는 순간에도 야무지게 짐을 싸왔다. 그게 괴이하게 느껴졌다.

"뭐 하는 거야."

태이가 고개를 돌렸다. 현주의 손에 골프채가 들려 있었다. 아니, 그것을 이미 휘두르고 있었다. 골프채가 태이의 목 옆을 내리쳤다. 날카로운 통증과 함께 태이는 온몸에 힘이 빠지는 것을 느꼈다. 그가

더없이 중요한 시기

무릎을 꿇으며 앞으로 고꾸라졌다. 주머니에 넣어
뒀던 차 키가 빠져나왔다. 현주가 거친 숨을 내뿜으
며 골프채를 마구잡이로 내리치기 시작했다.

"예빈이가 캐리어를 가져오라고 했어? 소용없는
짓 하지 말라고 해. 그 애는 이제 내 딸이 아냐.
더 이상 내 딸이 아냐!"

태이는 몸을 웅크리려 했지만 몸이 잘 움직이
지 않았다. 숨이 쉬어지지 않을 정도로 아팠다. 눈
빛이 변한 현주가 골프채를 들어올렸다. 그것이 태
이의 머리를 조준했다. 현주는 태이가 제보도 무엇
도 하지 못하게 만들 심산이었다. 골프채에 맞은 부
위들이 경련하고 있었다. 현주가 질책하듯 '그러니
까 사라졌어야지. 눈에 띄지 말았어야지' 하고 말했
다. 마치 태이만 사라지면 그의 세계가 안전해진다
는 듯. 현주가 다시 골프채를 내리치려 할 때였다.
쿵, 하는 소리가 났다. 현주가 고개를 돌렸다. 다시
한 차례, 쿵, 쿵, 하는 소리가 들렸다. 태이의 차 트
렁크에서 나는 소리였다. 잠시 멈췄던 소리가 다시
쿵, 쿵, 쿵, 쿵 빠르게 울려 퍼졌다.

"저게 뭐야."

현주의 경직된 물음에 태이는 그것이 현주와는
아무 상관없는 일이라고 설명하려 했다.

"이럴 줄 알았어. 전부 네가 꾸민 일이구나. 예빈

이를 저기 가뒀어. 네가 우리 사이를 이간질하려 한 거야."

현주는 태이가 떨어뜨린 차 키를 주워들었다. 태이는 그를 막으려 했다. 그러나 몸을 움직일 수 없었다. 현주가 소리가 나는 트렁크로 다가갔다. 트렁크가 화답하듯 다시 쿵쿵, 울렸다. 현주가 차 키에 달린 리모컨을 눌렀다. 살짝 열린 트렁크 사이로 사람의 형상을 본 현주는 확신 어린 태도로 트렁크를 열어젖혔다. 아니 그러려 했다. 그러나 트렁크 안의 사람이 더 빨랐다. 문이 다 열기도 전에 튀어나온 거대한 남자가 현주의 어깨를 들이받았다. 현주가 맥없이 나뒹굴었다. 그러고는 비명도 지르지 못한 채 트렁크에서 나온 남자를 바라보았다. 거기서 멈추었어도 됐다. 현주는 들고 있던 골프채를 놓쳤고 남자를 상대하기에는 무력한 상태였다. 하지만 얼굴이 뽀얗고 덩치 큰 남자는 거친 숨을 내뿜으며 현주에게 달려들었다. 그는 자신의 분노가 사라질까 두려운 듯 현주의 어깨를 두어 차례 주먹으로 내리쳤다. 뚝, 하고 나서는 안 될 것 같은 소리가 났다. 현주가 비명을 질렀다. 남자는 떨리는 주먹을 묘한 얼굴로 내려다보았다. 그리고 주변을 둘러보다 상체를 일으키고 있는 태이를 발견했다. 남자가 거친 숨을 내뿜었다. 그는 몸을 가누기 힘든 듯 비틀거리며 태이에게 다가와 섰다. 주먹을 들어 올렸

더없이 중요한 시기

다. 태이가 겁에 질려 몸을 웅크렸다. 그러자 그는 만족한 듯 웃었다. 그리고 태이의 다리를 찬찬히 내려다보며 말했다.

"받아주니까 내가 우습게 보였어? 어른 놀이가 하고 싶으면 제대로 걷기부터 해라."

그는 몸을 돌려 현주에게서 차 키를 빼앗았다. 그리고 흔들리는 몸을 가누려고 애쓰며 관자놀이를 문질렀다. 그런 후 차에 올라탔다. 승용차는 거칠게 휴게소를 빠져나가 버렸다. 멍하니 허공을 바라보고 있던 태이가 신음을 내뱉었다. 그리고 현주에게 차 열쇠를 달라고 소리쳤다. 현주는 그 말을 듣지 못한 척 오른편 어깨를 잡은 채 끙끙거리고 있었다. 태이가 말했다.

"예빈이가 차 안에 있다고요!"

현주가 이전과는 사뭇 다른 비명을 내지르기 시작했다.

*

현주의 차가 휴게소에 들어서던 때부터 예빈은 뒷좌석으로 넘어가 몸을 낮추고 있었다. 현주가 골프채를 휘두르던 순간에는 '죽고 말 거야, 다 죽고 말 거야' 하고 중얼거리며 시트에 얼굴을 박았다.

현주가 그런 상태면 그를 말릴 수 있는 사람은 없었다. 그래서 운전석 문이 열렸을 때에도 그게 당연히 엄마일 것이고, 이제 모든 게 끝났다는 생각으로 눈을 질끈 감은 채 숨을 죽이고 있었다. 그래서 차를 운전하는 자의 숨소리가 유독 거칠다는 사실, 그것이 들어본 적 없는 남자의 숨소리라는 사실을 깨달았을 때에는 이미 너무 늦은 후였다. 핸드폰을 꺼낼 수도 없고 비명을 지르거나 몸을 일으킬 수도 없었다. 예빈이 할 수 있는 건 늘 그렇듯 기척을 죽이는 것뿐이었다. 그러나 그마저도 힘들었던 게, 차의 움직임이 이상했다. 몸을 고정시키려 해도 자꾸만 양옆으로 흔들렸다. 두려움을 참다못한 예빈이 운전석 쪽으로 고개를 틀었다. 실눈을 떴다. 두툼한 남자의 손이 예빈의 얼굴로 날아들고 있었다. 놀란 예빈이 얼굴을 뒤로 젖혔다. 손이 예빈에게 닿지 못한 채 앞뒤로 덜렁거렸다. 뭔가가 이상했다. 그때 쿵, 하는 소리와 함께 길고 요란한 클락션이 울렸다. 남자의 머리가 운전대에 처박혀 움직이지 않았다. 예빈은 몸을 일으켜 전면을 응시했다. 차가 중앙분리대를 향해 나아가고 있었다.

예빈이 새어 나오는 흐느낌을 억누르며 앞 좌석으로 넘어갔다. 급히 핸들을 잡아 돌렸다. 남자의 발을 엑셀에서 밀어내려 했지만 잘 되지 않았다. 정신을 잃은 남자의 다리는 지나치게 무거웠다. 예빈은 가까워지는 중앙 분리대를 바라본 후 남자의 다

더없이 중요한 시기

리를 거세게 후려 찼다. 그제야 남자의 발이 엑셀에서 미끄러졌다. 예빈은 발을 뻗어 브레이크를 밟았다. 평소에 하던 게임 덕에 차량 작동법을 대충 알고 있기는 했지만, 고속도로에서 운전하는 태이에게 온 신경을 기울이지 않았다면 불가능했을 일이었다. 차가 가까스로 갓길에 멈춰 섰다. 거친 숨을 내뿜으며 한산한 도로를 바라보던 예빈이 남자에게로 고개를 돌렸다. 어디서 튀어나온 사람인지 알 수 없었다. 남자의 머리를 슬쩍 밀자 그의 머리가 문쪽으로 기울며 경적이 멈췄다. 예빈은 조심스레 손가락을 뻗어 남자의 코 아래 가져다 댔다. 고르고 규칙적인 숨이 손가락에 와 닿았다. 잠이 들었다고밖에는 생각할 수 없는 평온한 호흡이었다. 예빈은 한숨을 몰아쉬었다. 신고가 들어가 문제가 되기 전에 차에서 벗어나야 했다. 그러나 휴게소로 다시 돌아가는 게 불가능하게 느껴졌다. 거리가 멀어진 탓이기도 하지만, 그의 마음 역시 벼랑 끝에 와 있었다. 떨어지면 그만인 곳에서 몸을 흔들며 서 있는 느낌이었다. 이상했다. 앞서 달린 일은 없었다. 늘 눈치를 보며 누군가의 뒤를 쫓았을 뿐인데 도착한 곳은 벼랑이었다. 예빈은 멍하니 앉아서 콧등을 긁었다. 그러다 어떤 생각을 했다. 그는 휴대 전화를 꺼내 들었다.

*

조수석에 앉은 현주는 팔을 부여잡은 채 식은땀을 흘리고 있었다. 그 와중에도 대시보드에 놓인 선글라스가 거슬렸는지 성하지도 않은 팔로 그것을 뒷좌석에 던져버렸다. 태이는 차광판에 붙은 선글라스 케이스를 힐끗 쳐다보고는 운전을 계속했다. 낯선 차라서 운전이 익숙지 않았다. 차들이 빨리 달리는 데다 미등이 뿜어내는 빛 때문에 재우의 차를 찾기란 요원해 보였다. 현주에게 핸드폰을 던져준 후 재우에게 전화를 해 보라고 했지만 그는 전화를 받지 않았다. 현주는 '그 남자는 대체 누구야!' 소리를 내지르고는 울음을 터뜨렸다. 아이 아빠가 사주한 사람 같다며 이상한 말을 늘어놓기도 했다. 태이가 고개를 저으며 사실을 털어놓으려 할 때였다. 예빈으로부터 문자가 왔다. '납치를 당했다. 전화를 할 수 없어 문자를 보내니, 빨리 데리러 오라'는 내용이었다. 팔을 쓸 수 없던 현주는 음성인식으로 예빈에게 답장을 보냈다. 그런데 그 내용이 조금 이상했다. 현주는 고속도로의 기점 표지판을 예빈에게 읊어주고 있었다. 그것을 듣던 태이가 물었다.

"납치된 애가 왜 우리 위치를 필요로 해요?"

"어디로 오고 있는지 애가 타서 그런 거 아냐. 어서 가!"

현주는 핸드폰에 대고 말했다.

"그래, 삼차선으로 가고 있어. 빨리 갈 거야. 어디

더없이 중요한 시기

니, 예빈아. 도로 표지판이 보이니?"

몇 차선으로 가는지까지 알려 하는 건 이해하기가 힘들었다. 태이는 불길하게 빛나는 도로 위의 차들을 바라보았다.

예빈으로부터 답이 없었다. 도로는 여전히 고요하고 한적했다. 태이는 빨리 달리고 싶은 마음을 누르며 차의 속도를 늦췄다. 도로 위에서 재우의 차를 찾아낸다 해도 뭘 할 수는 없을 것이다. 하지만 최악의 상황은 재우의 차를 알아보지 못하고 추월해버리는거였다. 태이는 옆자리에서 팔을 부여잡고 있는 현주를 한 차례 바라보았다. 팔 때문이라고 하지만 그는 미성년자에게 운전을 맡긴 채 핸드폰에 온 신경을 기울이고 있었다. 현실 감각이 떨어질 정도로 모든 게 엉망이었다. 태이는 띄엄띄엄 나타나는 도로 위의 차들을 바라보다 물었다.

"왜 약 이름을 알려주지 않는 거예요?"
"더 이상 너랑 관계되고 싶지 않아. 네 함정에 빠지고 싶지도 않고."
"먼저 제보를 한 건 아줌마잖아요."
"뭐?"

현주는 어리둥절한 얼굴로 태이를 바라보았다. 그리고 '미쳤니? 내가 제보를 하게' 하고 말하며 다시 휴대폰을 들여다보았다. 태이는 날카로운 통증이 밀려오는 것을 느꼈다. 현주가 거짓말을 하는 것 같지는 않았다. 태이는 여태 도핑방지위원회에 제보를 한 게 현주라고 생각했지만 그것은 어쩌면 이치에 맞지 않는 생각이었다. 제보를 해서 위험해지는 건 태이만이 아니기 때문이다. 현주가 스스로를 위험에 처하게 할 사람으로 보이지도 않았다. 태이는 혼란에 빠져 정면을 응시했다. 그는 자신과 현주가 위험에 처하더라도 개의치 않을 사람, 어쩌면 그 것을 가장 원했을 사람을 떠올렸다. 누군가는 아름답게 달린다고 생각한 사람에게 마약을 건넨다. 그리고 누군가는 함께 달리고 싶은 사람을 나락으로 떨어뜨린다. 태이는 자신이 그의 능력을 알아보고 높이 평가했던 사람들에 의해 무너졌음을 알았다. 백 미터 앞에서 달리던 차가 빵빵빵, 하고 클락션을 올리며 급히 차로를 벗어나는 게 보였다. 그리고 태이는 이쪽을 향해 쏘는 강한 두 개의 빛을 보았다. 역주행 차량이었다.

차 한 대가 비틀거리며 느릿느릿 이편을 향해 다가오고 있었다. 아니라고 생각하고 싶었지만 차가 너무 눈에 익었다. 그 움직임이 위험천만해 보였다. 태이는 속도를 늦췄다. 운전자가 볼 수 있도록 상향등을 켜서 수차례 깜빡였다. 현주도 차를 알아본 듯 예빈에게 급히 전화를 걸었다.

"지금 역주행을 하는 게 예빈이 네가 탄 차니?

더없이 중요한 시기

엄마가……"

전화기 너머로는 쌕쌕거리는 숨소리만이 들려왔다. 말을 맺기도 전에 서행하던 차가 속도를 높였다. 찰나였다. 차가 어째서 역주행을 하는지, 왜 이편을 보고 속력을 올린 건지 설명이 불가능했다. 그러나 태이는 모든 것을 이해했다. 운전대를 잡고 있는 게 예빈이라는 사실을, 거꾸로 돌진함으로써 예빈이 하고자 하는 말 역시 이해했다.

태이가 이해한 게 맞다면, 그는 차선을 바꿔 달아나야 했다. 생각할 틈도 무엇을 느낄 겨를도 없었다. 모든 게 찰나였다. 그저 평소에 하던 생각과 몸에 익은 어떤 습성이, 품고 있던 마음이 뛰어나왔을 뿐이다. 태이는 운전대를 고정한 채 엑셀을 밟았다. 차가 마주 오는 자동차를 향해 빠르게 돌진했다. 태이는 잠깐만이라고 말하거나 멈추는 법을 배운 적이 없었다. 늘 빠른 아이였기 때문이다. 그는 중력을 모르고, 공기를 찢는 것처럼 달렸다. 현주가 무어라 외치고 있었다. 태이는 자신이 지고 싶지 않은 건지 죽고 싶은 건지 모르겠다고 생각했다. 이번에는 자발적으로 차에 뛰어든 게 맞았다. 그를 기다리고 있는 삶은 숨쉬기 힘들 정도로 느렸다. 그는 무엇도 되고 싶지 않았다. 우스운 것은 너무 빨리 달리다 보면 코앞에서 일어난 일조차 알지 못하게 된다는 점이다. 태이는 어떤 것도 보지 못했다. 정신을 차렸을 때는 예빈의 차가 가드레일이 없는 구간을 통과해 도로 밖 수풀에 처박힌 후였다. 그 때문에 예빈이 절명의 순간에 커브를 틀었음을 알았다. 그 역시 습관대로 움직인 것이다. 시도는 거듭되고 있었다. 예빈은 언젠가 엄마를 죽이고 말 것이다. 그럼에도 불구하고 때는 아직 무르익지 않았다. 태이는 자신이 울고 있다는 사실을 깨닫지 못하고 계속 달렸다.

*

사람이 죽어 나간다 해도 모를 만큼 도로는 어둡고 조용했다. 태이는 뒷좌석에 앉아 재우가 깨어나길 기다렸다. 도저히 운전대를 다시 잡을 수 없었다. 험한 일을 겪은 차는 흠집이 좀 났을 뿐 멀쩡했다. 풀과 나무 덩굴이 아니었다면 불가능했을 일이었다. 일은 놀랍도록 빠르게 마무리되었다. 예빈은 창백하게 질린 얼굴로 차에서 내렸고 현주는 그를 감싸 안았다. 그리고 '돌아왔으니까 됐어. 넌 날 배신하지 않았어' 하고 거듭 말했다. 그러자 무표정하게 굳어 있던 예빈이 팔을 들어 엄마의 어깨를 끌어안았다. 그 모습이 서로를 꼼짝 못하게 묶고 있는 것처럼 보였다.

한참을 안겨 있던 예빈이 고개를 들어 태이를 향

더없이 중요한 시기

해 손짓했다. 태이는 죄책감도 악의도 찾아볼 수 없는 그 선량한 얼굴을 바라보았다. 예빈은 끊임없이 거짓말을 해서 태이의 경력을 끝장내고, 그를 범죄에 휘말려 들게 했다. 심지어 그를 죽이려고도 했다. 그러나 태이는 예빈에게 가고 싶었다. 예빈과 헤어지면 그는 또다시 혼자가 될 것이다. 아귀가 맞지 않는 이야기를 적어내듯 스스로를 설명해야 할 것이다. 그러나 설명한다 한들 받아들여지진 않을 것이다. 사람들은 어떤 것은 꿈꿔도 되고 어떤 것은 안 된다고 정해두었지만, 태이는 그것을 구분하기 힘들었다. 어떨 때는 그 구분이 무의미하게 느껴졌다. 그래서 예빈이 편했다. 예빈은 적어도 자신과 태이를 구분 지으려 하진 않을 것이다.

태이가 굳은 채로 서 있자 그를 응시하던 예빈의 눈에 실망이 어렸다. 그리고 화가 난 얼굴로 태이를 쏘아보았다. 나를 죽이고 싶지 않아? 우리 엄마를 죽이고 싶지? 이렇게 된 마당에 서로를 파괴하는 수밖에 방법이 없지 않겠느냐고, 그는 말하고 있는 것 같았다. 태이가 응답하지 않자 예빈은 자포자기한 얼굴로 엄마의 어깨에 얼굴을 묻었다. 모녀는 잠시 후 체전에 나가야 한다며 고속도로를 떠났다.

잠에서 깬 재우는 자신이 역주행을 했다는 사실에 혼이 나갔다. 온몸을 덜덜 떨며 겁에 질렸다. 그러다 차가 비교적 멀쩡하다는 사실을 알고는 안도의 한숨을 내쉬었고, 역주행에 대한 처벌이 생각보다 약하다는 사실, 그러니까 백만 원 이하의 벌금혹은 구류에 처해진다지만 사실상 구류는 거의 이루어지지 않는다는 사실을 알고 평온을 되찾았다. 그렇게 수선을 떨고 난 후 재우는 과자 봉지를 안고 있는 태이를 힐끗 쳐다보았다. 그는 거칠지만 한풀 꺾인 목소리로 물었다.

"그게 뭐야?"

태이는 대꾸하지 않았다. 약을 찾은 건 행운이었다. 행운이라기보다는, 현주가 선글라스를 뒷좌석에 던져버리던 순간 이상함을 감지했기 때문에 얻은 수확이었다. 태이는 예빈이 무슨 일을 당하면 스스로를 용서할 수 없을 거라 생각하면서도, 현주의 차에 오른 순간부터 내내 신경을 곤두세우고 있었다. 끊임없이 약을 찾았다. 그리고 그는 현주가 예빈을 끌어안기 위해 차 밖으로 달려나갔을 때 차광등에 손을 뻗었다. 거기에 부착된 선글라스 케이스를 열었다. 정리정돈을 좋아하는 현주가 수납함을 두고도 거기에 물건을 넣지 못한다는 건 수납 공간이 차 있다는 뜻이었으니까. 케이스에서 빵빵한 과자 봉지가 떨어졌다. 그것을 열자 낱개 포장된 약들이 보였다. 그 정도면 꽤 오랜 시간을 버틸 수 있을 것이다. 예빈은 약에 대해서만큼은 거짓말을 하지 않았다. 태이는 차에서 내릴 때 약을 하나 꺼내 운전대 대시보드에 놓아두었다. 아픈 팔로 예빈을 회장에 데려가려면 그것이 필요할 터였다. 그것을 사용하거나 사용하지 않는 건 현주의 자유였다.

재우는 룸미러로 태이를 바라보며 말했다.

"운전을 하고 싶었으면 말로 했어야 할 거 아냐."

"죄송해요."

팔짱을 낀 채 태이를 응시하던 재우가 물었다.

"가고 싶은 데가 있었어?"

고개를 젓던 태이가 집에 가고 싶다고 중얼거렸다. 재우는 맥이 풀린 듯 한숨을 쉬었다.

"그래, 어쨌거나 돌아가자. 보험 회사는 나중에 부르면 되니까."

재우가 시동을 걸며 무심한 목소리로 물었다.

"오늘 일을 가족들한테 말할 거니?"

태이가 대답을 하지 않자 재우가 그를 돌아보았다.

"말할 거니?"

"선생님이 사람을 때린 거요?"

"아니, 네가 날 납치한 거."

"……"

"내 차를 훔친 거."

태이를 바라보는 재우의 눈에 은은한 분노가 어려 있었다. 태이는 빨리 집으로 돌아가고 싶었다. 그러기 위해서는 재우가 원하는 답을 해야 했다. 그런데 말이 나오지 않았다. 그를 물끄러미 바라보던 재우가 물었다.

"내가 널 어떻게 하면, 너희 언니가 내 말을 들을까."

"……어떻게요?"

"납치를 한다든가, 죽여버린다든가."

"……"

"네가 한 짓을 신고할 수도 있을 거고. 가족이 아닌데 감싸줄 이유가 없지."

재우는 말을 하면서 자신의 주먹을 힐끔 내려다보았다. 그는 거기에 어떤 돌파구가 있다고 생각하는지도 몰랐다. 그것을 다시 한 번 휘둘러보고 싶은 건지도 모른다. 태이를 빤히 바라보던 그는 피식 웃음을 터뜨리며 말했다.

"하지만 아직은 때가 아냐."

"……"

"나는 오늘 일을 묻을 거야. 너는 집에 가서 언니를 설득하도록 해."

부드럽게 말하고 있었지만 그건 명령이었다. 고개를 숙이고 있던 태이가 말했다.

더없이 중요한 시기

"선생님, 언니가 결정할 때까지 기다려야 하는 거잖아요."

"못하겠다는 거야?"

"……"

"왜 못 해. 난 죽으려고까지 하는데 네가 왜 못 해."

"왜 이렇게까지……"

"사랑하니까."

재우는 격정적으로 대답한 후 룸미러에 비친 자신의 얼굴을 힐끗 쳐다보았다. 그러느라, 사랑이 대체 뭐냐는 태이의 말을 흘려들었다. 태이는 온몸이 터질 것 같은 통증을 느꼈다. 그것은 약을 먹어야 사라질 고통이었다. 그런 통증이 존재하는데 어떻게 약을 그만둘 수 있단 말인가. 태이는 숨을 몰아쉬며 말했다.

"잠깐만요."

재우는 태이의 다급한 반응에서 자신의 말이 제대로 들어갔음을 알았다. 이제 주도권을 가지고 밀어붙여야 할 때였다. 그것은 어쩌면 그가 늘 원하던 일이었다. 재우는 대꾸하지 않은 채 차를 출발시켰다. 잠깐만요, 하는 비명이 뒤에서 들려왔다. 재우는 무시했다. 그때 도저히 무시할 수 없는 소리가 등 뒤에서 들려왔다. 재우가 몸을 돌렸다. 그리고 불이 들어온 토치를 대용량 착화탄에 가져다 대는 태이를 보았다. 재우는 '너, 뭐 하는!' 하고 고함을 치다 황급히 갓길에 차를 세웠다. 그러는 사이 태이가 걷어찬 착화탄의 불똥이 뒷좌석과 운전석 시트에 옮겨붙었다. 재우는 운동화를 벗어 그걸로 불을 끄려 했다. 하지만 속수무책이었다. 불똥이 사방팔방으로 튀었다. 시트에 붙은 불길이 걷잡을 수 없이 커지고 있었다. 게다가 닫힌 차 안에는 착화탄 아홉 개가 불타는 중이었다. 그것이 불보다 빨리 그들을 죽일 것이다. 재우는 운동화를 집어 던진 채 차 문을 열고 뛰쳐나갔다. 그는 안전하다 싶은 지점까지 달렸다. 재우가 헐떡이며 몸을 돌리자 차에서 태이가 나오는 게 보였다. 태이는 열린 차 문 사이로 들고 있던 과자 봉지를 던져 넣었다. 재우는 아연한 얼굴로 그를 바라보았다. 태이가 재우의 곁에 다가와 섰다. 둘은 나란히 서서 불길이 차 천장을 뚫고 나오는 것을, 탕, 탕, 소리를 내며 폭발음을 내뱉는 것을 바라보았다. 자정이 훨씬 넘은 시간이었다. 태이는 지친 얼굴로 말했다.

"신고해도 상관없어요."

신고를 하려 해도 핸드폰과 지갑이 전부 차 안에 있었다. 재우가 무어라 대답도 하기 전에 태이는 몸을 돌렸다. 그리고 가드레일을 훌쩍 넘어 고속도로 바깥으로 걸어 나갔다.

*

더없이 중요한 시기

인질을 잡고 인질이 되는 짓은 그만하고 싶다. 집에서 나올 때 언니는 자고 있었다. 지난밤 울고 고민하다 겨우 든 잠이었다. 태이는 차마 그 잠을 깨울 수 없었다. 언니에게는 시간이 필요했다. 조카가 어떻게 될지 알 수 없지만 상관없었다. 태어나지 못한다면 태어나지 않게 된 것을 축하할 것이고, 태어난다면 잘해줄 것이다. 아이가 살아가기에는 너무 힘든 세상이니까.

태이는 고속도로 바깥에 펼쳐져 있는 큰 밭을 바라보았다. 밭에는 가장자리가 보라색인 흰 꽃이 가득 피어 있었다. 살면서 꽃에 관심을 가져본 일은 없었다. 그러나 밤 길이 두려워서, 자신이 어디로 가고 있는지 알 수 없어서 매달리듯 꽃을 바라보며 걸었다. 꽃 줄기 밑동에 푸릇한 무가 박혀있었다. 그래서 그것이 무밭인 줄을 알았다. 태이는 오종종한 무들을 바라보다 예전 기억을 떠올렸다.

열한 살, 육상을 본격적으로 시작한 지 얼마 되지 않았던 때였다. 훈련은 힘들고 정이 붙지 않아서 태이는 매일 육상을 그만둘 생각을 했다. 게다가 그는 교실에서도 괴로운 시간을 보내고 있었다. 좋아하던 아이가 있었는데, 감정을 이기지 못하고 그와 뽀뽀를 한 게 문제였다. 태이는 그 일로 두고두고 놀림을 받았다. 아이들은 태이가 변태고 저질이라고 말했다. 문제가 커지자 담임은 태이의 집에 전화해 그 사실을 알렸다. 집에서도 난리가 났다. 나중에는 함께 뽀뽀를 한 아이마저도 태이를 피하는 지경에 이르렀다. 태이는 그를 붙들고 뽀뽀가 뭐가 나빠, 뽀뽀는 잘못이 아냐, 하고 말하려 했지만 뽀뽀라는 말이 나올 때마다 그는 울음을 터뜨렸다. 그러던 차에 운동회가 열렸다. 사람들의 태도는 놀랍도록 순식간에 바뀌었다. 담임 선생님과 아이들은 태이가 계주를 해야 한다고 했다. 싫다고 해도 막무가내였다. 태이를 조롱하고 놀려대던 아이들이, 그의 우승이 마치 자신의 것인 양 달아올랐다. 태이를 독려하며 '잘 할 수 있지?' 하고 외쳤다. '정태이! 정태이!' 하고 함박웃음을 지었다. 하지만 태이는 그때 생각했다. 웃기고 자빠졌네. 누군가를 좋아하는 마음을 짓밟는 곳에서는 무엇도 할 수 없다고 느꼈다. 그래서 운동회 날, 바통을 넘겨받고 레일을 돌던 중간에 그 일을 했다. 레일 안 동그랗게 비워둔 운동장을 가로질러 좋아하던 아이에게로 갔다. 그에게 '따라와' 하고 속삭인 후 운동장을 뛰쳐나갔다. 운동장을 벗어나는 태이가 너무 빨라서 사람들은 그를 잡을 수 없었다.

어떤 구체적인 생각을 한 건 아니었다. 다만 그를 둘러싼 사람들에게 동의할 수 없으니 너희가 원하는 일만큼은 해주지 않겠다는 마음이었던 것 같다. 복수심이었다. 태도를 손바닥 뒤집듯 바꾸는 반 친

더없이 중요한 시기

구들에게, '벌써부터 뽀뽀라니' 하고 혀를 차는 어른들에게, 운동장을 하얀 선으로 막아놓고 그 언저리에서만 달릴 것을 명령하는 그들의 룰에, 태이는 복수가 너무 하고 싶은데 할 수 있는 게 그뿐이라서 마구 화를 내며 달렸다. 두려워하며 달렸다. 슬픔을 느꼈다. 그렇게 달려서 온몸에 수분이 말라버렸다고 느낄 즈음 붉은 빛을 띠던 하늘이 파랗게 변했다. 태이는 달리기를 멈추고 검푸르게 울렁이는 하늘을 바라보았다. 하늘이 완전히 어두워지면 모든 게 끝나버릴 것만 같았다. 그게 좋은지 싫은지 알 수 없었다. 태이는 밀려오는 오한에 부들거리다 몸을 돌려 뒤를 바라보았다. 등 뒤에는 아무도 없었다. 알고 있던 사실이었으므로 놀라지는 않았다. 그는 고개를 들어 익숙한 것이라곤 찾아볼 수 없는 낯선 거리를 바라보았다. 그리고 그때 처음으로 달리기가 조금 좋다고 생각했다. 그때 생각이 났다.

태이는 얼굴을 한 차례 비빈 후 이렇게 느릴 수 있나, 걷는 것은 아닌가 싶은 속도로 다리를 움직이기 시작했다. 엉망진창이라고 생각했지만 콧노래를 부르며, 달렸다.

이렇게 자상한 복수

- 서미애 -

"인생에는 가끔 짓궂은 타이밍이 있어요."

유성호가 짧지 않은 파리 생활을 접고 한국에 들어온 지 일 년도 채 되지 않아 유럽의 건축 디자인 공모전에서 당선되었다고 전하자 노지환 기자는 안타깝다는 듯 이렇게 말했다.

짓궂은 타이밍. 그의 말대로 파리에 있는 동안 수상을 했더라면 많은 것이 달라졌을 것이다.

은근한 따돌림과 텃세로 성호를 괴롭히던 회사 사람들의 얼굴에 통쾌한 웃음을 날릴 좋은 기회를 잃은 것은 분명 아쉬운 일이었다. 새 프로젝트에 합류해 세계적인 건축물을 세우는 일에 동참하고 있을지도 모른다. 어느 건축 회사의 수석 건축가로 발탁되어 주목을 받을 수도 있었을 것이다. 하지만 이미 지나버린 일. 파리에 그대로 있었다면 수상을 못했을 수도 있다. 파리를 버렸기에 새로운 길이 열린 것이다. 인생에 만약 같은 것은 없다.

이렇게 자상한 복수

"그러니까 가장 좌절한 순간에 영감이 떠오른 거 군요?"

"좌절까지는 아니고…… 생각할 시간을 가지고 싶었어요. 오 년간의 파리 생활은 내게 무엇이었는지. 자신을 돌아보는데 여행보다 좋은 건 없으니까요."

노 기자는 익숙하게 자판을 두드리며 성호가 했던 말들을 되뇌었다.

"그렇죠. 여행보다 좋은 건 없죠. 산티에고 순례 길이라…… 저도 한번 가보고 싶네요."

사실 산티에고에 다녀온 이야기까지 털어놓을 생각은 없었다. 지난 오 년 동안의 파리 생활을 이야기하다보니 마침표를 찍었던 순례길 여행 이야기가 자연스럽게 나왔을 뿐이다. 얼마 되지 않는 이 삿짐을 한국에 부치고 그는 마지막 일정으로 산티에고 순례를 시작했었다.

낯선 길을 걸으며 자신을 돌아보고 저녁이면 알베르게의 벌레가 나오는 침대에 걸터앉아 그날 마주쳤던 건물과 풍경, 아이디어들을 노트에 그렸다. 애초에는 이 주 정도의 일정이었다. 여행은 패잔병 같은 우울한 기분을 걷어내고 마음을 짓누르던 부담감을 덜어주었다. 돌아가면 다시 시작하자고, 서울에서 자신이 하고 싶은 일에 대해 생각했다.

그 여행 덕분에 한국에 들어온 뒤 공모전에 다시 도전할 의욕도 생겼다. 누가 불러주지 않아도 불안하지 않았다. 마침 유로건축디자인 공모가 몇 달 남지 않아 모든 시간을 작업에 몰두했다. 두 달 뒤 수상소식을 들었다. 공모전의 수상은 성호에게 새로운 길을 열어 주었다.

성호는 문득 자신이 굳이 하지 않아도 되는 이야기까지 풀어놓은 건 아닌가 하는 생각이 들었다. 새삼스럽게 노 기자의 얼굴을 찬찬히 살폈다.

그는 예상했던 것보다 더 능숙하고 노련했다. 단순히 필력으로 만들어진 명성이 아니라는 것을 실감했다. 반백의 단발머리로 심상치 않은 분위기를 풍기지만 강렬한 첫인상과 달리 대화는 편하고 즐거웠다. 이야기를 듣고 추임새를 넣어주는 것만으로 더 속 깊은 이야기를 꺼내게 만들었다. 질문도 하기 전에 먼저 이야기를 풀어놓게 하는 재주가 있었다.

"아, 그러고 보니 정 작가도 간다고 하지 않았어요?"

노 기자의 시선이 탁자 주위를 돌며 사진을 찍고 있는 여자에게 향했다. 성호도 자연스럽게 시선이 돌아갔다.

노 기자와 일정 조율 때문에 메일을 주고받을 때

사진기자에 대한 언급도 있었다. 요즘엔 잡지사에 사진기자를 직원으로 두지 않고 그때그때 프리랜서를 쓴다고 했다. 인물사진을 꽤 잘 찍는 작가라고 했던가, 노 기자와는 나이 차이가 있어 보이는데 깍듯이 격식을 차리는 게 좋아 보였다.

성호는 탁자 위에 놓인 두 장의 명함으로 시선을 옮겼다. 사무실에 들어오자마자 인사를 나눌 때 주고 받은 명함에서 다시 이름을 확인했다. 정기연. 명함 상단에 카메라를 그린 일러스트와 함께 이름과 전화번호, 이메일 주소가 적혀 있다. 고개를 들어 슬쩍 여자의 얼굴을 바라보았다.

화장기 없이 말간 얼굴이지만 어린 느낌은 아니다. 흔한 장신구 하나 없이 검은 셔츠에 뒤로 질끈 묶은 머리 때문인지 어딘가 전문가다운 무게감이 느껴졌다. 그녀의 손에 들린 카메라가 유일한 장식이자 무기 같아 보였다.

"……안식년이 되면 여행 겸 두어 달 가려구요."

작업실로 들어온 뒤 여자의 목소리는 처음 들었다. 차분하고 명확한 발음에 딱 할 말만 하는 타입 같았다.

처음에는 자신을 계속 주시하고 있는 카메라가 부담스러웠다. 그동안 몇 건의 인터뷰를 했지만 기사에 들어갈 사진은 성호가 직접 메일로 보내곤 했다. 사진작가까지 동행한 인터뷰는 이번이 처음이다. 피사체가 되는 일에 익숙치 않은 성호는 셔터소리가 들릴 때마다 움찔거렸다. 기자와 이야기를 나누면서 긴장이 풀린 뒤에야 그 소리에 조금씩 익숙해졌다.

인터뷰는 생각보다 길고 꼼꼼했다. 역시 전통이 있는 잡지답다고 할까. 성호는 이제야 자신의 기사가 제대로 실리겠구나 싶었다. 그간 경험한 인터뷰는 간단한 단신과 짧은 인터뷰 몇몇이 전부였다.

나름 유럽에서는 알아주는 건축 디자인 공모전인데도 우리나라 언론에서는 관심이 없었다. 아니, 그 분야를 잘 모른다고 하는 게 맞을 것이다. 당선소식을 들을 때만 해도 앞으로 대단한 주목을 받을 거라고 기대했던 성호는 적잖이 실망했다. 월간 《건축미학》의 인터뷰 요청은 그러한 아쉬움을 단번에 사라지게 했다.

건축을 전공하는 모든 건축학도에게 잡지 《건축미학》은 일종의 공기나 물 같은 존재였다. 잡지사는 30년이 넘는 시간 동안 국내외에서 인정받고 있는 전문지였고, 가장 깊이 있는 건축의 담론과 비전을 제시하며, 새로운 건축가들의 기획기사를 쓰는 것으로 유명했다. 더구나 노지환 기자라니, 그와 인터뷰를 한다는 것은 곧 한국 건축사회에서 주목받는 건축가가 됐다는 의미였다.

이렇게 자상한 복수

"이번 공모전 수상으로 파리나 스페인의 유명 건축 사무실에서도 일할 기회가 있을 텐데 앞으로의 계획은 어떻게 됩니까?"

"다시 나갈 생각은 아직 없습니다. 이제 사무실을 오픈했으니 한국에서 자리를 잡아야죠."

"모교에서 강의도 시작한다구요?"

"그 소식은 어떻게……?"

몇 명만 아는 이야기까지 꺼내는 걸 보고 역시, 라는 생각이 들었다.

"오동준 교수님께 얘기 들었습니다."

지도교수의 이름이 나오자 정신이 바짝 들었다. 성호는 자세를 고쳐 앉으며 앞에 놓인 찻잔을 들었지만 비어 있었다. 찻주전자를 들어 남은 녹차를 따랐다. 오래 우린 차는 텁텁한 맛이 났다.

왜 이제야 성호조차 잊을 만한 수상 소식을 빌미로 인터뷰 요청이 들어왔는지 알 것 같았다. 확실하지는 않지만 오 교수라면 충분히 《건축미학》의 기자를 움직일 수 있을 것이다. 모교에서 강의를 하게 된 것도 오 교수의 적극적인 지지가 있어 가능했다.

전공에 확신이 없어 방황하던 대학 시절부터 오 교수는 누구보다 성호를 챙기고 질책과 격려를 아끼지 않았다. 그 뒤로 마음을 잡고 공모전 준비로 날밤을 샐 때마다 넌지시 건네던 오 교수의 충고가 큰 도움이 되었다. 오 교수의 총애로 동기들의 부러움을 사기도 했지만 성호는 아랑곳하지 않았다. 누군가 자신을 믿어주자 잘 해내고 싶은 마음이 컸다. 오 교수는 아무것도 바라지 않고 제자들이 잘 되는 모습을 보는 게 가장 큰 즐거움이라고 했지만 성호는 어떻게든 오 교수에게 보답을 하고 싶었다. 대학원을 졸업하고 진로에 대해 고민하고 있을 때 파리행을 권했던 것도 오 교수였다.

파리에 있는 동안 자신을 증명하고 싶었지만 말도 통하지 않는 곳에서 자리를 잡고 인정을 받는 일은 불가능에 가까웠다. 한국에 돌아와서도 칩거하다시피 지내던 성호는 당선 소식을 듣고 나서야 오 교수에게 연락을 했다. 그제야 오교수의 기대에 조금은 부응을 한 느낌이었다. 오 교수는 누구보다 성호의 수상을 축하해주었다.

"칭찬을 많이 하시더군요."
"……오늘의 저를 있게 한 은사님이시죠."
"문제아였다고도 하시던데?"

기자가 눈을 반짝이며 성호를 쳐다보았다. 오 교수와 꽤나 많은 이야기를 주고받았다는 것을 느낄 수 있었다. 십 년이 넘는 세월이 지났건만 오 교수는 늘 같은 이야기로 성호의 철없던 시절을 상기시켰다.

이렇게 자상한 복수

"하하 맞습니다. 적성에 안 맞는다고 그만두겠다고 했었죠. 그땐 모든 게 불만이었어요."

무엇 때문에 그렇게 화가 나 있었는지 모르지만 세상의 모든 것에 불만이 가득했다. 딱히 원해서 들어온 학교가 아니었다. 전공 선택 역시 마찬가지였다. 그저 그림을 그리는 손재주가 조금 있었고 틈날 때마다 여행을 다니며 한 손에 잡히는 크기의 스케치북에 눈앞의 건축물을 그리는 게 좋았다. 우연히 그림을 본 친구가 건축과에 다니는 형 이야기를 꺼냈고 그렇게 처음 흥미를 가졌다. 건축 전공을 하지 않았다면 미대에 갔을지도 모를 일이다.

"방황하던 저를 잡아주시기도 했지만 무엇보다 건축이라는 것에 대해 재미를 느끼게 해주셔서 여기까지 올 수 있었던 것 같습니다."

오 교수와의 에피소드도 인터뷰에 실릴까? 노 기자가 어떻게 쓸지는 모르지만 오 교수가 좋아할 거라는 생각이 들었다. 성호는 몇 마디 더 할까 하다가 지나치게 그의 이야기를 많이 하는 건 역효과가 날 수도 있다는 생각에 입을 다물었다. 어찌 되었든 이것은 유성호 자신의 인터뷰이니까.

두 시간 가까이 진행된 인터뷰는 겨우 끝이 났다. 기자가 노트북을 정리하고 가방을 꾸리는 사이 정기연이 성호에게 다가왔다.

"혹시 산티에고 순례길에서 찍은 사진 몇 장 주실 수 있을까요?"

"네? 그건 왜?"

정기연은 노 기자와 성호를 번갈아 쳐다보며 말했다.

"영감을 받은 여행이라고 하니, 그때의 사진도 들어가면 어떨까 싶어서요."

"어, 그거 좋은 생각이네."

곁에 있던 노 기자도 맞장구를 쳤다.

성호는 잠시 머리를 긁적이다 생각난 듯 책상 앞에 앉아 컴퓨터 안에 든 파일을 찾기 시작했다. 사진 폴더 안에 '까미노 데 산티에고'라고 따로 정리해둔 하위폴더가 보였다. 폴더를 여니 수백 장의 사진 파일이 보였다. 적당한 사진을 찾는 것도 일이다. 눈치를 보니 노 기자는 이미 가방을 챙겨 나갈 기세였다.

"어떡하지……? 나는 다음 일정이 있어서 이만 가봐야 하는데."

노 기자는 핸드폰으로 시간을 확인하며 성호와 기연을 번갈아 쳐다보았다. 노 기자의 말에 기연은 카메라 가방을 챙기며 성호에게 말했다.

"괜찮으면 제 이메일로 보내주시겠어요? 사진

이렇게 자상한 복수

고를 시간도 필요하실 것 같네요."

"네, 그럼 살펴보고 연락드리겠습니다."

그들은 인사를 마치고 이내 사무실을 떠났다.

혼자 남은 성호는 사무실 가운데 놓인 원형 탁자 위의 찻잔을 치우려다 자리에 털썩 앉았다. 긴장이 풀린 것인지 다리 힘이 빠졌다. 풍선을 불 듯 후 하고 긴 날숨을 내쉬었다. 여유를 가장했지만 긴장감이 온몸에 남아 있었다. 어깨를 들썩이고 팔을 흔들어 남아 있는 긴장을 털어냈다. 몸이 풀리고 긴장이 사라지자 자신도 모르게 입가로 미소가 새어나오기 시작했다.

'그래, 이게 정상이지!'

드디어 기대했던 반응이 오고 있다는 생각이 들었다. 《건축미학》에 인터뷰가 실린다니, 생각만 해도 짜릿했다. 잡지에 실린 자신의 기사를 보게 될 동기들의 표정이 궁금해졌다. 설렘에 손끝이 간질거렸다. 누구에게라도 전화를 걸어 성공을 코앞에 둔 이 흥분된 기분을 이야기하고 싶었다. 핸드폰을 꺼내들었지만 막상 전화를 하려니 떠오르는 얼굴이 없다.

대학 동기들에게 전화하는 건 노골적으로 약 올리는 것밖에 되지 않는다. 재학 시절에도 공모전에서 당선할 때마다 그들은 앞에선 축하 인사를 했지만 그가 없는 곳에서는 질투 섞인 뒷담화를 했다. 공모전 소식을 누구보다 빠르게 확인하는 그들이 성호의 수상을 모를 리 없다. 단신으로 나갔지만 그 짧은 기사를 보고 연락을 해온 친구도 있었다. 그 친구는 이미 건축과는 거리가 먼 일을 하고 있었다. 아마 그래서 더 쉽게 축하를 할 수 있었을 것이다.

하지만 그대로 있기에는 일이 손에 잡히지 않았다. 누군가와 이야기를 나누고 싶었다. 지금 자신이 느끼는 기분을 공유할 사람이 필요했다. 맘 편하게 이야기하기에는 고등학교 친구들이 제격이다. 핸드폰 연락처를 찾아 뒤적이다가 손이 느려졌다.

고등학교 친구들? 그들은 월간 《건축미학》의 노 기자와 인터뷰를 했다는 게 얼마나 대단한 일인지 모른다. '그래서 뭐?'라고 시큰둥한 반응을 보일 것이다. 아니면 이 기회에 술이나 사라고 하겠지. 이 기분을 그렇게 농담으로 흘려버리고 싶지는 않았다.

아버지에게? 어떤 반응일지 짐작이 간다. 고작 이런 일로 전화를 하느냐고 코웃음을 칠게 뻔하다. 아버지의 기준에 도달할 만한 성공을 하려면 가우디처럼 세상 사람들이 다 알 정도는 되어야 한다. 수상 소식을 알렸을 때 아버지는 그게 얼마나 권위 있는 상인지, 세계적으로 얼마나 영향력 있는 상인지 물었다. 건축계의 노벨상 정도는 되는 거냐고 물었다. 성호는 입을 다물었다. 대학에서 강의를 하

이렇게 자상한 복수

게 되었다는 소식을 전했을 때에도 '정교수도 아닌 그까짓 보따리장사, 뭐 대단하다고' 하는 식이었다. 아버지를 떠올리자 출렁이던 기분이 이내 가라앉았다. 아직은 아무것도 아니다.

결국 전화 한 통 하지 못하고 휴대폰을 내려놓았다. 탁자에 놓인 찻잔을 치우려고 일어서는데 기다렸다는 듯 핸드폰이 울렸다. 화면을 확인하니 오 교수였다. 성호는 얼른 전화를 받았다. 지금 자신의 감정을 온전히 이해해줄 사람이 있다는 생각에 기분이 한결 나아졌다.

*

"얼마면 되는데, 얘기 좀 해 보라니까?"
"됐어, 딴 데 가서 알아봐."

성호는 팔을 잡고 늘어지는 동욱의 술주정에 슬슬 짜증이 밀려들었다.

"나도 집 지을 거라니까. 유명 건축가한테 설계 좀 받아 보자고!"

치즈를 종류별로 담은 나무 플레이트를 탁자에 내려놓던 혁주가 성호의 팔에 매달린 동욱의 손을 떼어놓으며 말했다.

"그만 좀 해, 같은 소리를 몇 번째 하는 거야?"

"저 새끼, 취했어. 신경 쓰지 마." 동욱의 맞은편에 앉아 있던 민재가 와인을 홀짝이며 낄낄거렸다.

"그래도 이렇게 오랜만에 모이니까 좋다."

혁주는 말처럼 정말로 기분이 좋아보였다.

동창회가 끝나자 누가 말하지 않아도 삼삼오오 자연스럽게 혁주가 하는 여의도의 비즈니스 바로 자리를 옮겼다. 동창회는 핑계일 뿐 진짜 보고 싶었던 동창들은 여기 모인 친구들이다. 천둥벌거숭이처럼 철없던 시절 하루 종일 붙어 다니며 모든 것을 공유하던 친구들. 단톡방에서 언제 한번 모이자는 말을 입버릇처럼 했다. 각자 사는 게 다르고 먹고 사는 일이 우선이다 보니 술 한 잔 하자고 모이는 것도 쉬운 일은 아니었다. 마침 고등학교 동창회가 열리자 혁주가 일일이 연락해 꼭 참석하라고 다짐을 받았다. 덕분에 늘 어울리던 다섯이 빠짐없이 다 모였다. 혁주는 그것만으로도 기분이 좋았다.

성호의 오른편에 앉은 혁주는 와인잔을 들어 성호에게 내밀었다. 성호도 잔을 들어 가볍게 부딪치고 남은 와인을 마셨다. 혁주가 병을 들어 다시 잔을 채워주려 하자 손짓으로 막았다.

"왜, 이제 시작인데……."
"많이 마셨어. 내일 아침 방송도 있고 하니, 관리해야지."

이렇게 자상한 복수

"씨발, 네가 연예인이야? 관리는 무슨."

잠시 조용하던 동욱이 성호의 말에 시비라도 걸 듯 까칠하게 말했다.

성호는 미간을 찡그리며 동욱을 쳐다보았다. 무엇 때문에 심사가 꼬였는지 바에 들어온 뒤부터 계속 자신을 건드리는 게 느껴졌다. 성호가 한마디 하려고 하자 얼른 혁주가 성호의 팔을 누르며 동욱의 말을 받았다.

"연예인 맞지 새끼야. 고정프로가 두 개에, 예능에도 나오고, 이정도면 연예인이지."
"또 시작이네, 넌 아직도 성호 따까리냐?"

동욱이 의자에 기대어 있던 상체를 일으키며 제대로 시비를 걸 기세였다.

"적당히 하라고. 좋은 분위기 깨지 말고."

혁주도 이제는 동욱의 주정을 받아줄 마음이 없는지 목소리가 굳어졌다.

"씨발, 좋은 분위기는 개뿔. 이런 후진 바에서 술맛이 나냐?"
"이 새끼가 진짜!"

동욱의 도발에 혁주의 목소리가 올라갔다. 동욱의 맞은편에 앉아있던 민재가 낄낄거리며 웃었다.

"좀 봐줘, 저 새끼 이번에 아주 개 털렸거든. 지금

한강 간다는 거 겨우 말리고 있다."

민재의 말에 동욱은 순간 얼어붙은 듯 꼼짝 않고 민재를 노려보았다. 분위기가 심상치 않다 했는데 동욱이 바로 접시에 담겨 있던 포도를 집어 민재에게 집어 던졌다. 민재는 낄낄거리며 몸에 떨어진 포도를 주워 먹었다.

묵묵히 술만 마시던 형기도 민재의 말에 호기심을 느꼈는지 동욱을 쳐다보았다.

"뭔 소리야?"

"저 새끼 어디서 개도 안 물어갈 정보를 주워듣고 몰빵 했다가 상폐 당했잖아. 아니라고 몇 번을 말했는데 안 듣더니."

"조용히 해라. 한 마디만 더 하면 진짜 접시 날아간다."

동욱이 과일안주 접시를 잡고 금방이라도 집어던질 기세로 민재를 노려보았다.

"그러니까 새끼야, 왜 친구들한테 화풀이야."

혁주가 궁금증을 못 참고 민재에게 물었다.

"얼마나 꼴아 박았는데?"

"얼마라고 했지? 4억? 5억?"

"이 자식이 진짜, 입 털지 말랬지."

동욱이 접시를 집어던지려 하자 혁주가 얼른 일

어나 접시를 빼앗았다. 접시를 피해 자리에서 일어
난 민재는 자신을 향해 달려드는 동욱을 보자 낄낄
거리며 문 쪽으로 달아났다. 도망치는 민재를 따라
동욱도 밖으로 뛰어나갔다.

혁주가 어질러진 테이블을 정리하며 쯧쯧 혀를
찼다.

"저 새끼들은 아직도 저러고 노냐, 애도 아니고."
"안 가 봐도 될까? 동욱이 녀석 바짝 약 오른 모
양인데?"

문 쪽을 쳐다보며 형기가 물었다.

"됐어. 우리가 언제 말렸다고? 금방 히히덕거리
며 들어올걸?"

혁주의 말에 고개를 끄덕이던 형기가 슬쩍 성호
를 쳐다보더니 입을 열었다.

"어때? 할 만하냐?"
"응? 뭐가?"
"혁주 말대로 연예인 다 됐잖아, 하루아침에 스
타가 됐는데 괜찮냐고."

"괜찮고 자시고 할 게 뭐 있어? 그냥 닥치면 하
는 거지."
"와, 이 자신감! 역시 잘되는 놈은 다 이유가 있다
니까. 나는 셀카만 찍어도 얼굴이 굳어버리는데.
나 이 자식 텔레비전에 나오는 거 보고 소파에서

떨어졌잖아. 말을 그렇게 잘하는지 첨 알았네."

"그러게, 나도 내 친구 맞나 했다."

"우리 마누라한테 내 친구라니까 안 믿더라고. 내가 막 고등학교 때 사진 보여주고 그랬더니 사인 받아오라더라. 마누라가 그러는데 맘카페에서도 네 얘기 엄청 많이 한대."

옆에서 혁주도 거들었다. 호들갑스럽게 말하는 혁주를 보자 성호의 기분도 나쁘지 않았다. 덩달아 장단을 맞추기는 멋쩍어 짐짓 무심한 척했다.

"나도 무슨 일인가 싶다."

성호는 마치 남 이야기 하듯 덤덤하게 말하고 앞에 놓인 치즈를 한 조각 집어 입에 넣었다. 코를 톡쏘는 자극적인 향과 아린 맛이 은은하게 올라왔다. 동욱은 이곳을 후지다고 말했지만 치즈 하나만 먹어봐도 그런 소리를 들을 곳은 아니다.

"그러지 말고 얘기 좀 해봐. 방송은 어떻게 하게 된 거야?" 혁주가 성호를 재촉했다.

성호는 어디서부터 얘길 해야 할지 잠시 머뭇거렸다. 솔직히 무엇 때문에 이런 일이 벌어지고 있는지 자신도 모른다. 어느 날 섭외가 와서 출연을 하게 되었고 그 뒤부터는 하루가 다르게 여기저기서 오라는 곳이 많았다. 어느 순간 정신을 차려보니 자신을 알아보는 사람들의 시선을 의식해야 할 정도가 되었다.

이렇게 자상한 복수

처음 자신을 섭외했던 방송작가는 잡지《건축미학》의 기사를 보고 연락을 했다. 해외여행지를 소개하는 프로그램이었는데, '산티에고 순례길'이 주제였다. 단순한 여행객이 아니라 그 길을 걸으며 자신을 돌아보고 인생의 큰 변화를 겪은 출연자가 몇 명 섭외되었다. 성호는 그중 가장 눈에 띄는 출연자였다.

녹화는 어렵지 않았다. 자신이 걸었던 길에서 만난 성당과 오래된 건축물들에 대한 이야기를 했다. 녹화장의 모니터에 보이는 자신의 모습을 보며 성호는 자신의 실제 모습보다 카메라를 통한 자신이 훨씬 호감형으로 보인다는 것을 깨달았다. 훤칠한 키에 준수한 외모, 강의로 다져진 자연스러운 말투도 한몫했다. 녹화를 마치고 내려오는 성호를 향해 방송작가가 달려와 인사를 하며 엄지손가락을 치켜 올렸다.

'이 방송 나가고 나면 앞으로 엄청 섭외 들어올 거예요.'

20년 경력의 방송작가가 호언장담한 대로 방송이 나가고 난 뒤 여기저기서 연락이 왔다.

스케줄이라고 해봐야 일주일에 하루 강의를 나가는 것 밖에는 없으니 대부분의 섭외에 응했다. 처음 긴장했던 것과는 달리, 할수록 어색함도 줄어들고 요령도 생겼다. 같이 일하는 작가들이 방송체질이라며 추켜세웠다.

홍보용으로 만들어놓은 인스타그램에 팔로워가 하루가 다르게 늘어갔다. 사진 한 장에도 '좋아요'가 수만 개씩 달렸다. 댓글을 읽어보았다. 잘생겼다는 말과 함께 프랑스어를 하는 모습이 섹시하다는 둥 함께 살 집을 만들자는 둥 호감을 표하는 여성들의 댓글이 대부분이었다. 학교에서도 그런 성호의 인기를 반기는 분위기였다. 특히 오 교수는 건축가가 대중에게 알려지는 것은 좋은 일이라며 성호를 응원했다.

방송 출연은 사무실에도 엄청난 효과를 가져다주었다. 한 연기자의 집을 리모델링해주는 프로그램이 방송되자 설계 의뢰가 감당하지 못할 만큼 들어왔다. 한가하던 사무실은 어느새 정신없이 바쁘게 돌아갔다. 몇 달 만에 더 넓은 곳으로 옮기고 직원도 뽑았다. 모든 게 빠르게 변하고 있었다.

가장 큰 변화는 아버지였다.

파리에서 돌아와 집을 구해 나갈 때까지 몇 주 머무는 동안 어쩌다 마주치면 못마땅한 얼굴로 고개를 돌리던 아버지가 이제는 먼저 전화를 걸어 가끔 집에도 들르라고 할 정도였다. 혼자서 잘 챙겨먹기도 힘들 거라며 부모님 집안일을 봐주는 가사도우미에게 성호의 집을 부탁하기도 했다.

이렇게 자상한 복수

처음엔 짜증스러웠다. 누군가 내 구역을 침범하는 것이 싫었다. 25평 남짓의 집인데 굳이 남의 손을 빌리고 싶지 않다고 했지만 막상 도우미의 도움을 받으니 세상 편했다. 출근 하느라 어질러놓은 상태로 나갔다 퇴근해 돌아오면 모든 게 제 자리에 있고 깔끔하게 청소가 되어 있다. 어수선하던 냉장고는 보기 좋게 정리가 되어 있었고, 간단히 먹을 수 있는 샐러드 같은 것도 준비되어 있었다. 집안일을 신경 쓰지 않게 되자 호텔에서 지내는 것처럼 쾌적했다. 음식 솜씨도 좋아서 준비해준 반찬으로 집에서 식사를 하는 시간이 많아질 정도였다.

성호는 모든 게 만족스러웠다. 여행을 마치고 한국으로 들어올 때 비행기에서 느꼈던 우울함과 의기소침했던 기분은 기억도 나지 않았다. 자신의 삶이 이렇게 달라질 거라고는 생각하지 못했다.

동창회에서도 그런 변화를 느낄 수 있었다. 여기저기서 아는 척을 했다. 같이 어울리던 친구들은 평소처럼 대하거나 오히려 농담을 걸었지만 이름도 기억나지 않는 사람들이 다가와 악수를 청하고 친한 척을 하자 피곤해졌다.

일차를 마치고 서둘러 이곳으로 온 건 진짜 친구들과 편하게 놀고 싶었기 때문이었다. 동욱이 신경을 건드리기 전까지만 해도 성호는 친구들과 모인 모처럼의 자리가 즐거웠다. 하지만 시간이 흐르고 이야기를 할수록 미묘한 균열이 느껴졌다.

　과거가 아닌 현재를 말하자 대화가 겉돌았다. 이제는 서로의 관심사가 너무 다르다. 같이 하던 시간은 오래 전의 일이고 그 기억은 이미 폐허가 되어 낡고 부서졌다. 시간의 물결에 친구들은 각기 다른 강줄기를 따라 흘러가며 멀어지고 있다는 느낌이 들었다. 추억을 이야기하는 시간이 길어지자 현실의 괴리감이 더 많이 느껴졌다. 어릴 때에는 아무 말이나 주고받아도 낄낄거리며 즐거웠는데 지금은 사소한 대화도 가시가 걸리듯 신경을 턱 건드렸다.

　갑자기 피곤이 몰려들었다. 그런 생각이 들자 머리가 무거워졌다. 쉬고 싶었다.

　성호는 혁주에게 손을 내밀어 악수를 청했다. 혁주는 어리둥절한 표정으로 성호를 바라보다가 손을 잡았다.

　"오늘 고마웠다. 나중에 따로 한잔 하자."

　성호가 자리에서 일어나자 혁주가 아쉬운 표정으로 고개를 들었다.

　"벌써 가게?"
　"좀 피곤하다. 다른 애들한테는 잘 말해줘."
　"나도 그만 가야지. 마누라가 아까부터 언제 오냐고 보챈다."

이렇게 자상한 복수

곁에 있던 형기도 자리를 털고 일어났다.

"왜 벌써 가, 이 자식들은 어딜 간 거야?"

혁주는 아쉬움이 툭툭 묻어나는 말투로 두 사람을 쳐다보았다. 혁주의 말이 끝나기도 전에 동욱과 민재가 투닥거리며 들어왔다. 조금 전 뛰쳐나갈 때만 해도 주먹이라도 오갈 분위기더니, 지금은 어깨동무만 안했지 둘도 없는 사이처럼 보였다.

"니들 뭐하다…… 아직도 담배 피우냐? 끊어라 좀!"

둘에게 다가가던 혁주가 인상을 쓰고 뒤로 물러나며 소리쳤다. 성호도 코를 자극하는 담배 냄새를 느끼자 인상이 구겨졌다.

"왜 다 일어났어? 우리 찾으러 나오는 거야?"

동욱이 성호와 형기를 쳐다보며 물었다.

"아니, 간다구. 이렇게 자리 비우는데 술맛이 나냐?"

혁주는 재빨리 동욱의 핑계를 대며 자리를 정리했다.

동욱은 기분이 상한 듯 성호를 쳐다보며 입을 열었다.

"가려면 혼자 가, 우린 더 마실 거야."
"그래, 그럼. 먼저 간다."

성호는 기다렸다는 듯이 가볍게 손을 흔들며 가게를 나섰다.

동욱이 황당하다는 듯 친구들을 쳐다보았지만 혁주는 이미 술병을 치우고 있었다.

"나도 간다. 나중에 보자."

형기도 인사를 하고 나가자 맥이 풀린 동욱은 자리에 털썩 앉았다.

"좀 있다 치워. 술 좀 더 먹자."

민재도 다시 자리를 잡고 앉자 혁주는 하는 수 없이 와인 냉장고에서 새 병을 꺼냈다.

"아니, 잠깐 사이에 분위기가 왜 이래? 뭔 얘기를 했길래 다 간 거야?"

동욱은 영문을 모르겠다는 표정으로 둘을 쳐다보았다. 혁주는 한심하다는 듯 보다가 와인병을 내려놓았다. 민재는 새 와인병을 따며 동욱에게 잔소리를 했다.

"그러게 왜, 건드려?"

"나 때문이라고? 진짜 나 때문이냐?"

"됐어, 피곤한 모양이야."

"와, 나도 참았어. 민재야 너 알지? 너도 봤잖아? 아까 동창회부터 은근히 신경 거슬리게 하는 거. 잘난 척은 했어도 저 정도는 아니었잖아?"

이렇게 자상한 복수

"너도 내가 알던 최동욱이 아니야. 세월이 흘렀
으면 변하는 건 당연하지."

혁주가 핀잔을 주었지만 동욱은 손사래를 치며
자신이 왜 기분이 상했는지를 설명했다.

"이 자식 이거 질투야 질투. 성호가 잘나가니까
부러워서 이래."
"질투같은 소리 하고 앉았네. 너도 자식아, 왜 쓸
데없는 소리를 해서 사람을 긁어?"

또 둘이 투닥거리는데 동욱의 핸드폰이 울렸다.
장난을 멈춘 동욱이 핸드폰 화면을 확인하더니 표
정이 굳어졌다. 동욱은 말없이 혁주와 민재를 번갈
아 쳐다보았다.

"왜? 마누라가 얼른 오래? 참, 너 이혼했지?"

민재가 또 낄낄거리며 동욱을 건드렸다. 동욱은
민재의 농담에도 아랑곳하지 않고 굳은 표정으로
말했다.

"핸드폰 확인해 봐."

그제야 혁주와 민재도 이상한 낌새를 눈치 채고
각자의 핸드폰을 꺼내 확인했다. 단톡방에 형기가
올린 글이 보였다. 금방 만든 방이었다. 성호는 없
었다.

'인스타에 성호 학폭 떴다.'

"이게 뭔 소리냐?"

혁주가 물었지만 누구도 대답하지 않았다. 다들 성호의 인스타를 확인했다. 수많은 댓글을 뒤져 원하는 글을 찾는 것은 쉽지 않았다. 그때 단톡방에 다시 형기의 글이 올라왔다. 댓글을 캡쳐한 이미지였다.

'뻔뻔하구나 유성호, 끔찍하게 친구를 죽인 살인자. 18년 전 너의 폭력과 괴롭힘에 죽은 김영서를 기억하겠지?'

"김영서?"

민재는 기억이 나지 않는다는 듯 고개를 꺄웃거렸다. 동욱은 표정이 굳어 입을 열지 않았다.

"누군지 아냐? 18년 전이면 우리 같이 학교 다닐 땐데."
"……그 얼굴 하얗고 뿔테안경 썼던 놈. 2학년 때 같은 반이었잖아, 학교 후문 동네에 살던."

혁주의 말에 민재는 그제야 생각이 난다는 듯 아, 하다가 의아한 표정으로 혁주를 쳐다보았다.

이렇게 자상한 복수

"근데 김영서가 죽었어?"

"모르겠어, 기억이 안 나."

혁주는 갑자기 소환된 이름에 몇 가지 단편적인 기억들이 떠오르기는 했지만 댓글에서 언급한 일들이 있었나 하는 생각이 들었다.

그 시절 사내자식들이 패거리로 몰려다니면서 하는 짓이야 뻔하다. 괜히 툭 건드려보고 바닥에 떨어진 캔을 발로 걷어차고 힐끗거리다 걸리는 놈이 있으면 몇 대 패기도 하고. 건들거리기는 했어도 누군가를 죽일 만큼 괴롭힌 기억은 없다. 성호가 그랬다면 그건 여기 있는 친구들과 함께였다는 얘기인데, 아무리 머릿속을 뒤져봐도 그런 폭력으로 시간을 보낸 적은 없었다.

그러다 누가 이런 글을 올렸을까 하는 의문이 떠올랐다. 혁주는 등골이 서늘해졌다.

누군가 성호를 노리고 있다. 이게 사실이든 아니든 학교폭력 논란이 시작되면 이제 한창 잘 나가고 있는 성호에게는 치명타가 될 것이다. 유명세라는 게 실감이 났다.

혁주는 불안한 눈으로 민재와 동욱을 바라보았다.

"뭐 떠오르는 거 없어? 말 좀 해봐."

계속 입을 다물고 있던 동욱이 나지막히 말했다.

"김영서 자살했어. 우리 고3 올라가던 겨울방학, 학교 음악실에서."

혁주는 그제야 김영서가 누군지 분명하게 떠올랐다. 별명으로 불러서 이름도 제대로 기억하지 못하고 있었다는 것을 깨달았다.

피아노맨. 이따금 음악실에서 피아노를 치던 놈. 피아노 콩쿨에서 상을 받은 적도 있다고 했던가, 음악실에서 목을 매달고 죽었다는 얘기를 얼핏 들은 기억이 났다. 잊고 있었다. 아마 직접 보지도 않았고, 며칠 지난 뒤 길에서 만난 동창에게 들은 소식이라 기억에 담아두지 않았던 것 같다. 왜 자살을 했다고 했더라?

갑자기 음악실에서 피아노를 치던 놈의 모습이 생각났다. 동시에 머릿속에서는 놈이 치던 피아노 소리가 들려왔다. 피아노 소리와 함께 흥얼거리던 노랫소리. 하나씩 떠오른 기억들이 노랫소리와 함께 점점 분명해졌다.

He says, "Son, can you play me a memory
I'm not really sure how it goes
But it's sad and it's sweet
and I knew it complete
When I wore a younger man's clothes."

이렇게 자상한 복수

*

거실에서 들려오는 인기척에 눈을 뜬 성호는 햇
살이 가득 들어오는 창을 보자 자신이 늦잠을 잤다
는 것을 깨달았다. 화들짝 놀라 자리에서 벌떡 일어
났지만 제대로 잠이 깨지 않은 탓에 무엇부터 시작
해야 할지 몰라 멍한 상태였다. 잠시 방안을 둘러보
다 벽시계를 확인하고 정신을 차린 성호는 서둘러
침대를 벗어났다.

방문을 열고 나가자 주방 쪽에서 장바구니를 내
려놓고 냉장고에 채소와 과일을 넣던 가사도우미
아주머니가 화들짝 놀랐다.

"……출근하신 줄 알았어요."
"예…… 일 보세요."

성호는 다급하게 욕실로 들어가 대충 씻고 나왔
다. 머리도 제대로 말리지 않은 채 서둘러 옷을 입
고 현관을 나서는데 가사도우미가 불렀다.

"과일이나…… 우유라도 준비할까요?"
"됐어요."

성호는 그대로 문을 닫고 승강기 버튼을 누르고
층수를 확인했다. 1층에 있는 승강기가 17층까지
올라오려면 시간이 좀 걸린다. 초조하게 시간을 확
인하려던 성호는 핸드폰을 놓고 온 것을 깨달았다.

주머니와 가방까지 확인한 성호는 얼른 다시 집 안으로 들어갔다.

청소기를 꺼내고 거실 청소를 시작하려던 가사 도우미가 놀란 얼굴로 쳐다보았다.

"핸드폰을 놓고 가서……."

"네에……."

핸드폰은 침대 머리맡에 있었다. 성호는 얼른 핸드폰을 집어 집 밖으로 달려 나갔다. 다행히 도착한 승강기의 문이 닫히기 직전이었다. 간신히 승강기에 올라탄 성호는 초조한 마음으로 층수가 내려가는 알림판을 노려보았다.

지하주차장에 주차된 자동차에 올라탄 성호는 도로 상황이 좋기만을 빌었다. 다행히 생각보다 차가 밀리지는 않아 방송 10분 전에는 도착할 수 있었다.

메인작가의 표정이 좋지 않았다. 성호는 미안하다고 사과를 하고 서둘러 분장을 받았다. 준비 상황을 점검하는 보조작가도 평소와 달리 고개를 끄덕이는 인사만 하고 곧 방송이 시작될 거라고 알렸다.

아침 생방송은 방송 시작 전부터 방송이 끝날 때까지 초긴장 상태라는 것을 알기에 성호는 자기 때문에 초조했을 스텝들에게 미안한 마음이 들었다. 방송이 끝나고 점심이라도 사야겠다고 생각하며

이렇게 자상한 복수

스튜디오에 들어섰다.

방송을 시작한 지 두 달 된 '당신의 홈'은 파일럿 방송 때부터 반응이 좋아 별 어려움 없이 정규 편성이 되어 제작팀의 분위기가 좋았다. 자의든 타의든 집을 벗어나 방황하고 있는 사람들에게 새로운 집을 찾아주기 위해 여러 분야의 전문가들이 도움을 준다는 내용이었다.

가정폭력에 시달리다 가출한 청소년의 경우는 부모와 함께하는 심리상담과 독립공간을 만들어주는 프로젝트를 한다거나, 열악한 환경에서 살고 있는 독거노인에게 안전하고 편안한 새 보금자리와 함께 건강검진을 진행하고 노후의 여가시간을 보낼 취미생활을 알려주기도 하는 식이었다.

자리에 앉은 성호는 서둘러 큐시트를 확인했다. 오늘 방송할 내용이 생각나지 않았다. 분명 작가에게 이메일로 대본을 받은 기억이 있다. 보통은 한 시간 정도 일찍 도착해서 미리 대본을 읽어보고 작가와 가볍게 스튜디오에서 할 이야기를 정리한다. 그 과정이 없다보니 오늘 방송되는 내용도 숙지를 못 했고 무슨 이야기를 할지도 당연히 준비가 안 되어 있었다.

사회자가 이야기하는 동안 열심히 대본을 확인하고 카메라 옆에 세워진 프롬프터도 확인했다. 그제야 어렴풋이 오늘의 내용이 떠올랐다.

"유성호 소장님은 어떠셨어요?"

갑자기 자기 이름이 들려왔다. 성호는 퍼뜩 정신을 차리고 사회자를 쳐다보았다. 답을 기다리는 그의 표정을 보자 말문이 턱 막혔다. 질문을 제대로 듣지 못해 어떻게 답을 해야할지 막막했다. 뒷머리가 쭈뼛 섰다. 무슨 말이든 시작해야 했다.

"······뭐라고 말해야 할지 모르겠습니다. 제가 도움이 될지도 잘 모르겠더군요. 우선 의뢰인의 이야기에 귀를 기울이는 게 첫 번째라고 생각했습니다."

어떤 내용에도 적용될 만한 답으로 이야기를 시작했다. 말을 하는 동안 빠르게 머리가 돌아갔다. 모니터의 화면을 보자 자신이 어떤 역할을 했었는지 기억났다.

학교폭력으로 전학을 한 뒤 등교를 거부하고 방안에만 있다는 학생의 부모가 의뢰인이었다. 아이가 다시 방문을 열고 가족들과 얼굴을 마주할 수 있는 집을 만들어 달라고 했다. 학생과 학부모 모두 정신적인 상처를 치유하는 상담치료가 필요한 상황이었고, 각자 문을 닫아 거는 닫힌 공간이 아니라 가족들이 모여서 함께 이야기를 나누는 공간을 만드는 솔루션을 줬었다.

"대화를 나누지 않더라도 가족들이 함께 뭔가를

할 수 있는 공간이 필요합니다. 방에서 억지로 불러내고 무리하게 대화를 하려는 게 오히려 부담이 될 수도 있는 상황이니, 스스로 문을 열고 나올 수 있도록 하는 게 중요하다고 생각했습니다. 주방과 거실을 하나로 터서 넓은 테이블을 놓고 여러 가지를 함께하도록 했습니다. 다 같이 식사를 하고, 게임을 하거나 책을 보고 같이 음악 감상을 하고 그렇게 하는 거죠."

그 이후부터는 모든 게 순조롭게 흘러갔다. 마무리 멘트를 한 뒤 인사를 끝내고 온에어 사인의 조명이 꺼지고 나자 안도의 한숨이 나왔다. 사회자와 출연자들에게 가볍게 인사를 한 성호는 메인작가에게 다가가 지각한 것에 대해 사과를 했지만 메인작가의 표정은 쉽게 풀리지 않았다. 시선을 마주치지도 않고 건성으로 수고했다는 말을 하고는 자리를 피하듯 다른 출연자들이 있는 곳으로 가 버렸다. 대놓고 자신을 외면하고 있다는 느낌을 받았다.

찜찜한 기분으로 대기실에 돌아온 성호는 분장을 지우며 어떻게 분위기를 바꿀까 고민했다. 아직 점심을 산다는 말을 못했다. 다시 나가서 메인작가를 찾아볼까 하는데 가방 안에 있던 핸드폰의 벨이 울렸다. 번호를 확인한 성호는 고개를 갸웃거리며 혁주의 전화를 받았다.

전화와 문자가 여러 통 와 있었다. 사무실에 무슨

일이라도 생긴 건가 하는 생각이 들었지만 의외로 대부분은 고등학교 동창들의 연락이었다. 어제 동창회에 참석해 오랜만에 친구들을 만나서 그런가 하는 생각이 들었다.

"어, 무슨 일이야?"

"무슨 일은…… 내가 묻고 싶은 말이다."

"응?"

"……너 아직 모르고 있구나?"

"똑바로 얘기해. 말 돌리지 말고."

"김영서, 네가 괴롭혀서 죽었다며?"

"뭐? 갑자기 뭔 소리야? 김영서가 누군데?"

"인터넷이 난리야. 인스타 확인해 봐."

성호는 서둘러 전화를 끊고 자신의 SNS 계정을 열었다.

어제만 해도 '좋아요', '멋있어요', '결혼하자' 하던 댓글은 사라지고 '학폭이었어?', '뻔뻔한 가해자', '죽은 사람만 불쌍하지', '개쓰레기 그럴 줄 알았어' 같은 댓글들이 수천 개가 달려 있었다.

성호는 다리에 힘이 풀려 의자에 주저앉았다. 학교폭력이라고? 내가?

그동안 유명 연예인이나 스포츠 스타들이 학교폭력 논란에 휩쓸려 곤혹을 치루는 뉴스를 본 적이 있다. 그게 자신의 일이 될 거라고는 생각지도 못했다. 물론 학교를 다니면서 친구들과 장난을 치거나 싸움을 한 적은 있다. 장난이 심한 적도 있었지만 학교폭력이라는 생각을 해 본 적은 없었다. 친구들과 어울리다 보면 주먹질도 하고 코피도 터지면서 그렇게 학창시절이 지나가는 것 아닌가?

혁주에게 다시 전화를 걸었다.

"너 똑바로 얘기해. 내가 괴롭혀서 죽었다고? 김영서라는 놈이 누군데?"
"나도 겨우 기억해 냈어. 동욱이한테 전화해 봐, 걘 잘 아는 것 같던데."
"알았어. 끊어."
"성호야."

혁주는 전화를 끊지 않고 오히려 성호의 이름을 불렀다.

"왜?"
"누굴까?"
"뭐?"
"이 이야기를 인터넷에 올린 사람. 누굴까?"
"……."
"우리 그때 맨날 붙어 살았잖아. 그런 나도 잘 기억 안 나는데, 누가 그 옛날 얘기를 꺼내는 거지?"
누가……?
"더구나 영서는 자살한 거라던데, 왜 네가 죽였다고 하는 건지……."

우선은 전후 사정을 좀 더 자세히 알 필요가 있다. 누가 한 짓인가는 상황을 파악하면 밝혀질 것이다.

"알았으니까 끊어. 우선 동욱이랑 통화 좀 해 볼게."

그제야 혁주가 전화를 끊었다. 동욱에게 전화를 하면서도 머릿속은 '김영서'라는 이름을 찾아 여기저기 뒤적거렸다. 함께 어울려 다닌 친구들 말고는 기억이 희미했다. 당연히 김영서라는 이름도 머릿속에는 없었다. 동욱은 한참 있다가 전화를 받았다.

"어, 동욱아."
"……소식 들었나 보네."
"김영서라는 애, 네가 잘 안다며? 도대체 누구야? 나 때문에 죽었다는 건 또 뭐구?"
"……지금 아버지 병원에 와 있어. 뭐 좀 확인하고 내가 다시 전화할게."

성호의 이야기를 더 들어보지도 않고 동욱은 그대로 전화를 끊었다. 뭘 확인한다는 거지? 자기 볼 일 보느라 바쁜가 싶어 서운한 생각이 들었다.

성호는 일단 SNS에 남겨진 댓글들을 보고 정황을 파악하기로 했다. 평소 달리는 댓글이 수천, 수만 개였다면 지금은 그것의 열 배는 더 많아 보였다. 대부분 욕이었다. 정보가 될 만한 것들은 없어 보였다. 동창이라는 댓글도 보였다. 학창시절 애들

괴롭히는 걸로 유명한 놈이었다는 글을 보자 말문이 막혔다. 정말로 내가 그런 놈이었다고?

지금은 이런 걸로 열을 낼 상황이 아니라는 생각에 마음을 가라앉히고 계속 댓글들을 살폈다. 누군가 링크를 건 게 보여 눌러보았다.

신문 기사가 떴다. 신문사 홈페이지로 연결되는 것은 아니고 커뮤니티의 게시판에 올라온 이미지 파일이었다. 신문을 펼쳐놓고 찍은 것 같았다. 지금은 사용하지 않는 활자를 보니 꽤 오래된 기사 같았다. 진학을 비관한 학생이 학교에서 자살을 했다는 뉴스였다. 신문기사에는 학교 정문의 사진도 보였다.

성호는 신문 기사를 보고 또 봤다. 진학을 비관한 학생이 자살을 했다고 기사에 분명히 적혀 있는데, 왜 이 사건에 자신이 연루된 것인지 이해가 되지 않았다. 게시물을 올린 사람이 누군지 궁금했다. 닉네임을 확인하니 '지켜보고있다'였다. 어쩐지 등골이 서늘해지는 닉네임이었다.

누군가 문을 두드리는 소리에 화들짝 놀란 성호는 자리에서 벌떡 일어났다.

'당신의 홈' 담당 피디였다. 그 뒤로 메인작가도 함께였다. 둘은 평소와 달리 무거운 표정으로 들어오더니 성호의 맞은편에 자리를 잡고 앉았다. 성호도 마주 앉으며 오늘 아침 늦은 것에 대해 사과를 했다. 피디는 그건 문제도 아니라는 듯 고개를 저으며 말했다.

"아시겠지만 저희로서도 상황 파악을 해야 해서요. 생방 하는 날 이런 일이 터져서 저희들도 어떻게 대처할 방법이 없었는데, 오늘 방송은 그렇다 치고 바로 다음 방송을 준비해야 하니…… 그냥 딱 까놓고 물어보겠습니다. 학교폭력 문제 어떻게 된 일입니까? 사실입니까?"

"저 그게, 지금 저도 뭔 일인지 잘…… 누군지도 모르는 사람이라 당혹스럽네요. 무슨 일인지 알아보고 있던 중입니다."

"아시겠지만 요즘 방송가에서는, 아니 우리 사회 전체가 학폭 논란에 대해 아주 민감합니다. 그건 잘 아시죠?"

성호는 죄인이라도 된 양 자신도 모르게 고개를 끄덕이며 피디의 얼굴을 제대로 쳐다보지 못했다.

"논란이 정리되기 전까지 잠깐 쉬는 게 어떨까 싶은데……"

피디의 말에 성호는 뭐라 답을 하지 못했다. 성호의 침묵을 달리 해석한 작가는 인상을 쓰며 말했다.

"새벽부터 우리 프로그램 인터넷 게시판이 난리가 났어요. 기자들 전화도 걸려오고……"

이렇게 자상한 복수

"김 작가 그만 해."

피디의 한마디에 입을 다물었지만 메인작가의 표정은 냉기와 짜증이 뒤섞여 있었다.

"……네, 알겠습니다. 생각지 못한 일로 폐를 끼쳐 죄송합니다."

성호의 말이 끝나기가 무섭게 메인작가가 자리에서 일어났다. 피디도 성호를 물끄러미 보다가 방을 나갔다.

생방 시작하기 전부터 냉담하던 분위기가 이제야 이해가 되었다.

성호는 변명 한 마디 못하고 학폭을 저지른 가해자가 되었다. 지금은 프로그램을 걱정할 일이 아니다. 오해는 나중에 풀면 된다. 무엇보다 상황을 파악하고 수습하는 게 먼저다. 그래도 몇 달 함께 일한 사람인데, 사정도 제대로 파악하지 않고 무조건 자르고 보는 것 같아 서운했다. 허탈한 기분으로 나갈 준비를 하는데 다시 벨이 울렸다.

"어, 동욱아."
"지금 어디냐?"
"왜?"
"어딘지 몰라도, 우리 아버지 병원으로 와. 주소 찍어 줄게. 도착하면 전화해."

동욱이 알려준 주소를 찍고 내비게이션이 이끄는 대로 운전을 하면서도 성호의 머릿속은 온통 김영서라는 아이에 대한 것으로 가득차 있었다. 혁주와 다시 통화를 하면서 '피아노맨'이라는 별명으로 불렸고 음악실에서 피아노를 치곤 했다는 것, 겨울방학이 되고 얼마 되지 않아 사람 없는 학교 음악실에서 자살했다는 얘기 등을 들었다.

'이제 기억나?'

'아니.'

'아니라고만 하지 말고 떠올려 봐. 떠올려야 해. 그래야 누가 이 글을 올렸는지 찾을 수 있어.'

그건 혁주의 말이 맞다. 생각해 내야 한다. 피아노라는 말에 머리를 스치는 것들이 있었지만 분명하지 않다. 아직도 기억은 안개 너머에 있었다.

큰 길에서 골목을 꺾어 들어가자 병원 앞 주차장에 동욱이 기다리고 있었다. 성호는 동욱의 옆에 차를 대고 내렸다.

정형외과 병원은 동욱의 아버지가 원장으로 있는 개인 병원이었다. 학생 때는 학교 근처에 있었는데 이곳으로 이사한 것은 처음 알았다.

"들어가자."

이렇게 자상한 복수

동욱은 기다렸다는 듯 병원 현관문을 열었다. 어제의 비꼬는 듯한 말투는 말끔히 사라지고 평소의 동욱으로 돌아가 있었다. 대충 사는 것 같아도 상황 판단이 빠르고 머리가 잘 돌아가는 친구다. 듣기 싫은 바른 소리를 잘해 이따금 부딪히기도 했다. 그래도 여전히 친구로 지낼 수 있는 건 철없던 시절부터 함께한 시간들이 있기 때문일 것이다.

"여기 왜 온 거야?"

"네가 확인해줘야 할 게 있어."

확인할 게 있다고 한 건 동욱이었다. 성호가 확인해줘야 할 게 있다니, 성호는 의아한 생각이 들었지만 이유가 있을 거라고 생각하고 입을 닫았다.

동욱은 곧바로 진료실로 들어갔다. 안으로 들어간 성호는 동욱의 아버지를 보자마자 고개를 숙여 인사했다. 몇 마디 인사를 나눈 뒤 동욱이 바로 아버지에게 말했다.

"아버지, 그 진료기록."

동욱의 아버지는 미리 준비하고 있었는지 책상 한편에 있던 서류 봉투를 열어 엑스레이 필름을 꺼냈다. 조명판에 끼워 불을 켜니 가녀린 손가락뼈들이 보였다.

"잘 봐."

동욱의 말이 아니더라도 성호의 시선은 엑스레이 필름을 향해 있었다. 중지와 약지의 중간 마디가 부러져 있는 게 보였다. 다른 필름에는 부러진 뼈에 핀을 고정시킨 듯한 줄이 가 있었다. 성호는 영문을 몰라 동욱을 쳐다보았다.

　　"이거 김영서 엑스레이야. 아버지 설명 좀 해 주세요."
　　"친구였다니, 안됐구나. 손가락이 퉁퉁 부어 병원에 왔는데 심각한 골절이라 수술을 했지. 어머니가 전처럼 움직일 수 있냐고 물었는데, 손으로 하는 정교한 작업은 어렵겠지만 일상생활을 하는 데는 무리가 없다고 했었다. 어머니가 아들에게는 비밀로 해 달라고 했던 것 같다. 피아노를 전공한다고 했던가…… 치료를 잘하면 전처럼 온전히 손가락을 움직일 수 있다고 얘기해 달라고 했지, 아니면 아이가 상심할 거라고."
　　"……어쩌다 골절이 된 건지 기억나세요?"

　　동욱의 아버지는 진료기록을 보며 말을 이었다.

　　"넘어졌을 때 손을 잘못 짚었다는 식으로 말을 했는데, 그건 아닌 것 같았지. 단정하긴 어렵지만 넘어졌을 때는 보통 손바닥으로 바닥을 짚으니까 손목 골절이 더 많거든. 이렇게 두 손가락의 같은 부위가 골절되기는 어렵지. 뭔가 사정이 있을 거 같아서 더는 안 물어봤지만."

이렇게 자상한 복수

"그럼 어떤 상황에서 이런 골절이 생기나요?"

"글쎄, 뭔가로 맞았거나, 발로 밟혔거나…… 아무튼 두 손가락 위로 강한 충격이 가해져야 가능하지."

성호는 여전히 뼈가 부러진 엑스레이 필름에서 눈을 떼지 못하고 있었다. 한편으로 동욱이 아버지에게 질문하고 답을 듣는 과정 자체가 자신에게 들려주기 위한 것이라는 것을 눈치챘다.

"고마워요, 그만 가 볼게요."

동욱은 어리둥절해 하는 아버지에게 자세한 설명을 생략한 채 성호를 데리고 진료실을 나왔다.

성호는 동욱을 따라 병원 맞은편에 있는 커피숍으로 들어갔다. 동욱과 마주 앉았지만 머릿속이 어지러워 아무 말도 할 수가 없었다. 무수한 기억들이 거센 파도처럼 성호를 덮쳤다. 생각을 정리할 필요가 있었다.

성호는 묵묵히 창 밖을 보며 수십 장의 기억들을 끼워 맞추기 시작했다. 기억의 퍼즐들이 맞춰지자 더 이상 외면할 때가 아니라는 것을 깨달았다. 아직 빈 곳이 있었지만 상황을 파악하기에는 충분했다.

'손은, 손만은 건드리지 마.'

두 손을 겨드랑이 아래로 숨기며 잔뜩 몸을 움츠린

채 그렇게 말했었나? 그 말에 더 열 받아서 기어코 손을 끄집어내 손가락을 꺾고 밟았다.

'어디를 때릴지는 내 맘이야, 개새끼야!'

크리스마스가 다가오고 있었고, 첫눈이 일찍 내렸다. 기말고사는 엉망이었고 아버지에게 성적표를 내밀 생각을 하니 기분이 착잡했다. 길을 지나다 누구든 눈이라도 마주치면, 어깨라도 부딪치면 바로 멱살을 잡고 주먹을 날리고 싶은 상태였다. 후문 밖 골목에서 담배를 피우다 하필 마주친 게 영서였다.

"넌…… 언제부터 알고 있었어?"

"……몰랐어. 어제까진."

"……."

"내가 아는 건 영서가 우리 아버지 병원에서 수술했다는 거, 자살했다는 것. 누가 그렇게 내몰았는지는 몰랐지."

동욱의 목소리는 낮고 차분했다. 성호를 추궁하지는 않았지만 그 어떤 힐책보다 매서웠다.

"……나도 몰랐어. 조금 전까지."

말을 해놓고 보니 자신의 말이 얼마나 공허하게 들릴지 느껴졌다. 하지만 이 일을 까맣게 잊고 있었다는 건 사실이다.

그 뒤로 손가락에 붕대를 칭칭 감고 있는 영서의

모습을 보긴 했지만 자살 소식은 알지 못했다. 겨울 방학이 시작되자마자 캐나다로 어학연수를 떠났고 돌아와서는 바로 3학년에 올라가서 영서라는 아이가 세상에서 사라진 것도 몰랐다.

"김영서라는 이름을 듣자마자 걔가 피아노 치던 모습이 떠올랐어. 빌리 조엘의 피아노맨. 내가 좋아하던 노래였거든. 피아노맨이라는 별명을 붙인 것도 나였어."

"……."

"……어떻게 할 거야?"

"어떻게 해야 되냐?"

"그 고민은 너의 몫이지. ……글 올린 사람부터 찾아봐."

동욱의 말이 맞다. 글을 올린 사람을 찾아서…… 찾은 후에 뭘 어떻게 할 건지는 나중에 생각하자. 지금 제대로 수습하지 않으면 여기까지 올라온 것이 모두 수포로 돌아간다. 이렇게 무너질 수는 없다는 생각이 들었다. 어떻게 해서든 방법을 찾아야지.

"고맙다. 덕분에 뭘 해야 할지 알겠다."

성호는 동욱과 헤어져 바로 집으로 향했다. 사무실에 갈까도 생각했지만 지금은 누구의 시선도 따가울 것 같았다.

아무도 없을 거라고 생각한 집에는 인기척이 있

었다. 혹시 어머니가 온 것인가 싶었는데 가사도우미였다. 너무 일찍 돌아온 성호를 보자 가사도우미도 놀란 눈치였다.

"……오늘은 일찍 들어오시네요."

"네, 일이 좀 있어서."

가사도우미가 언제 와서 언제 가는지는 한 번도 생각해본 적이 없었다.

"청소와 빨래는 다 했어요. 반찬 만들던 중이라 이것만 하고 갈게요."

아주머니도 성호와 함께 있는 게 불편했는지 아직도 집에 있는 이유에 대해 설명하고는 서둘러 도마 위에 있는 재료들을 후라이팬에 넣어 볶기 시작했다. 가스레인지 위의 냄비에서는 김이 올라오고 있었다. 미역국 냄새가 풍겨왔다.

옷을 갈아입으려고 방으로 들어가던 성호의 뱃속에서 꼬르륵 소리가 들렸다. 생각해 보니 아침부터 아무 것도 먹지 않았다. 이런 와중에도 배가 고팠다.

성호는 주방을 서성거렸다. 반찬을 만들던 아주머니가 돌아보았다.

"……식사 좀 하려구요."

"아, 앉으세요. 얼른 차려드릴게요."

이렇게 자상한 복수

아주머니는 냉장고에서 반찬을 꺼내고 밥과 국도 내놓았다. 성호는 서둘러 밥을 먹기 시작했다.

"……무슨 일 있어요?"

아주머니의 말에 답을 하려고 서둘러 밥을 삼키던 성호는 사레가 들렸다. 켁켁 기침을 하고 물을 마신 뒤에야 진정이 되었다.

"괜히 말을 걸었나 보네. 난 그냥…… 이 시간에 오신 게 처음이라 무슨 일인가 해서요."
"아, 별일 아니에요. 오늘은 집에서 작업을 할까 하구요."
"……네."

아주머니는 다시 몸을 돌려 새로 만든 반찬들을 통에 담기 시작했다.

다시 수저를 든 성호가 밥을 먹으려 하는데 휴대폰이 울렸다. 혁주였다. 식사를 하며 전화를 받았다. 바지락을 넣어 끓인 미역국은 참기름 향과 함께 고소한 맛이 났다.

"뭐야, 밥 먹어? 태평하네?"
"그럼 굶냐? 밥은 먹고 살아야지. 왜?"
"동욱이 뭐래?"
"뭘 뭐래, 누군지 찾아서 수습하라 그러지."
"뭐야, 혼자 대단한 걸 알고 있는 것처럼 굴더니. 그래서 누군지는 알아낸 거야?"

"아니, 이제부터 찾아봐야지. 글 올린 닉네임 찾아서 메일 보내려고. 뭐 때문에 올렸는지, 뭘 원하는지 물어봐야지."

"돈 때문일까?"

"돈?"

"그렇잖아, 네가 잘나가니까 옛날 일을 핑계로 한몫 챙겨보겠다는 거지. 뉴스에 나오는 말처럼 사과받고 싶었다, 어쩌구 하는 것도 살아 있을 때 얘기지."

"돈이든 뭐든 일단 찾아내면 알게 되겠지."

"그래…… 그거만 하고 컴퓨터 꺼라. 한동안 인터넷 보지 마."

"……심하냐?"

"뭐 그렇지. 나도 알아보고 있어. 동창 중에 아는 애들이 있을 거야."

"알았어. 나중에 통화하자."

전화를 끊은 성호는 식사에만 집중했다.

이렇게 위기감을 느낄 때는 본능적으로 배를 채워야 한다는 것을 알고 있다. 파리에 있을 때도 혼자 버려진 것 같은 기분이 들 때 성호는 배부터 채웠다. 속이 든든하게 채워지면 두렵고 힘든 일도 어떻게든 마주할 용기가 생겼다. 기력이 달리지 않게 충전한 다음 까짓것 어떻게 되겠지, 하는 마음으로 몰아붙였다.

이렇게 자상한 복수

가사도우미는 성호가 먹은 식사 설거지까지 끝내고 돌아갔다.

비로소 혼자가 된 성호는 컴퓨터를 켜고 자신의 SNS를 찾았다. 그사이 더 많은 악플들이 달렸지만 든든히 속을 채운 덕분인지 타격감은 훨씬 줄어들었다.

김영서와 관련이 있을 듯한 몇 개의 댓글을 찾아내었다. 그들에게 거의 같은 내용의 메일을 보냈다. 영서와 어떤 관계인지, 가족이라면 연락을 달라고 했다. 직접 만나서 사과를 하고 싶다고 썼다.

18년 전의 일이 이렇게 자신의 발목을 잡을 줄은 몰랐다. 그때의 자신을 생각해보면 아직 사고력도 떨어지고 이성적인 판단 능력도 없었다. 고작해야 오늘, 내일만 생각하고 미래의 삶에 대해서도 진지하게 생각해본 적이 없었다. 키가 자라고 덩치가 크듯 생각과 가치관이 하나둘 입력되고 있던 아직 미완성 상태의 유성호였다.

메일을 보내고 나니 더 이상 할 게 없었다. 답장이 오기 전까지는 상대가 누군지도 모르니 상황 수습이 될 리가 없었다. 그러다 학폭 사건에 연루되었던 연예인들이나 유명인의 기사를 찾아 읽으며 어떻게 대처해야 하는지 방법을 찾아보았다. 패턴은 대개 비슷했다. 그런 일 없다고 부정하다가 또 다른 피해자가 등장하고 결국 인정할 수밖에 없는 상황이 되면 소속사에서 연예인의 친필 사과문을 올렸다. 철없던 시절에 저지른 치기 어린 행동들이었다는 말은 사실이었지만 그것이 면죄부가 되지는 못했다.

'나도 유명인인가. 친필 사과문이라도 써야 하나?'

쓴웃음이 새어 나왔다. 이런 게 유명세라는 것이구나. 대중들에게 알려지지 않았더라면 오늘처럼 과거가 폭로되는 일은 없었을지도 모른다. 어쨌든 이대로 가만히 있는 건 아니라는 생각이 들었다.

거실을 서성거리며 고심하는 동안 전화가 걸려 오기 시작했다. 알고 지내던 기자들의 전화번호가 뜨자 전화를 받기가 망설여졌다. 아직 무슨 말을 할지도 모르는데 괜히 몇 마디 주고 받았다가 기사화 되는 것은 금방일 것 같았다. 하지만 사무실에서 걸려오는 전화는 받지 않을 수가 없었다.

"소장님, 하준입니다."

"아, 내가 연락을 안했네, 오늘은 일이 있어서 사무실에 못 나가요."

"네, 그보다…… 클라이언트들이 계약을 해지하겠다고 연락이 오고 있어서요."

"……네?"

그것은 예상하지 못했다. 방송을 잠시 쉬라고 하거나, 악플이 달리는 것도 이렇게까지 충격은 아니었다. 하지만 본업을 위협받는다는 것은 치명적이다. 정신이 번쩍 들었다. 방송은 안 하면 그만이라는 생각이 있었는지도 모른다. 안일하게 생각했다.

성호는 그제서야 자신의 생각보다 일이 어렵게 돌아가고 있다는 것을 실감했다.

*

강의실에 들어서자 웅성거리던 학생들의 소리가 갑자기 조용해졌다. 성호는 아무 일도 없는 듯 교단 위에 올라서서 학생들을 바라보았다. 다들 입을 다물고 성호를 노려보고 있었다. 그들의 눈은 단호하고 냉정했다. 성호는 애써 그들의 얼굴을 무시하고 가방을 열었다.

가방 속에는 아무것도 없었다. 몇 번이나 확인을 했지만 오늘 수업을 위해 준비한 노트는 보이지 않았다. 성호가 빈 가방을 뒤적거리는 모습을 본 학생들이 자신의 책상 위에 있는 책들을 찢어 던지기 시작했다. 누군가가 책상 위를 손바닥으로 두드리기 시작했다. 거기에 동조하는 학생들이 하나둘 책상을 치기 시작했다. 강의실 안을 가득 채운 소음과 날아다니는 종이 조각을 더는 견디기가 어려웠다.

성호는 수업을 포기한 채 그대로 강의실을 뛰쳐나왔다.

잰걸음으로 복도를 빠져나오는 성호의 뒤로 학생들이 소리를 지르며 쫓아오기 시작했다. 먹이를 찾는 좀비처럼 학생들은 한 덩어리로 움직였다.

 놀란 성호는 전속력으로 복도를 달렸다. 긴 복도는 끝이 나지 않았다. 그러다 문이 열린 곳을 발견한 성호는 얼른 들어가 문을 잠그고 몸을 숨겼다. 요란하던 복도가 갑자기 조용해졌다. 한숨을 내쉬고 겨우 여유를 가진 성호는 방안을 둘러보았다. 어두운 방 중앙에 불빛이 새어 나오는 문이 보였다.

 성호는 자신도 모르게 불빛을 향해 걸음을 옮겼다. 문을 열자 밝은 빛과 함께 새하얀 벽과 네모난 창들이 보였다. 뭔가 이상했다. 집 안을 둘러보던 성호는 비로소 그 집이 대학 때부터 자신이 만들었던 주택의 모형이라는 것을 깨달았다.

 하얀 벽들이 천천히 성호에게 다가왔다. 순식간에 벽들 사이에 낀 성호는 어디로도 움직일 수 없게 되었다. 이대로 벽에 끼어 죽는 건가 싶은 순간, 벽에서 튀어나온 하얀 손들이 성호의 몸을 건드리기 시작했다. 팔목을 잡고 어깨를 짓누르고 목을 졸랐다. 사방의 흰 것들이 성호의 몸에 밀착되어 숨을 쉬는 것도 힘들었다. 발버둥을 치고 손으로 밀쳐 보아도 방법이 없었다. 눈을 짓누르고 코와 입을 막았다. 숨이 막혔다. 이대로 가면 죽을 거라는 공포가 가슴을 서늘하게 했다.

이렇게 자상한 복수

성호는 있는 힘껏 소리를 지르며 일어났다. 침대 위였다. 식은땀으로 얼굴이 끈적거렸다. 손에는 이제 막 얼굴에서 걷어낸 이불이 보였다. 아마도 이불이 머리를 덮어 숨이 막혔던 모양이었다. 너무나 생생한 악몽에 아직도 자신의 목을 조르던 하얀 손들의 감촉이 느껴질 정도였다.

강의실을 생각하니 오 교수가 떠올랐다. 머릿속으로는 몇 번이나 먼저 연락을 해 전후 사정을 알리는 게 낫지 않을까 싶었지만 한편으론 계속 주저하고 있었다. 어떻게 말을 꺼내야 할지, 무슨 말을 해야 할지 가늠이 되지 않아 망설이는 사이 며칠이 흘렀다. 학교가 꿈에 나온 것은 오 교수에 대한 중압감 때문이었을까. 그나마 학기가 끝나 방학 중이라는 게 다행스러웠다. 거실로 나가 불을 켰다. 핸드폰으로 시간을 확인하니 열 시가 넘은 시각이었다. 복잡해진 머리에 두통까지 와서 약을 먹고 잠시 쉰다는 게 몇 시간을 잔 것이다. 알람을 꺼놓은 휴대폰에는 더 많은 전화들이 와 있었다. 기자들, 부모님, 사무실, 친구들. 학교 조교들의 문자도 있었다. 이미 시간이 늦기도 했고 누구에게도 전화할 마음이 생기기 않아 그대로 소파 위로 던져버렸다.

성호는 냉장고를 열어 생수를 꺼냈다. 차가운 물을 들이켜며 서재로 들어가 메일을 확인했다. 수신 확인을 해보니 이틀 전 확인을 한 기록이 있다. 답장은 아직도 없다. 다시 한 번 메일을 보내볼까?

학폭 기사가 나가고 며칠 동안 성호는 꼼짝도 하지 않고 집에 틀어박혀 있었다.

변명을 해봐야 되돌릴 수 있는 것도 아닌데 사과문이니 해명이니 부질없다는 생각이었다. 한편으로 억울한 마음도 있었다. 영서를 때린 것은 사실이지만 죽음을 선택한 건 그의 몫이다. 그것까지 자신에게 책임을 돌리는 건 과하다는 생각도 들었다. 하지만 지금 그런 말이.. 그런 말이 먹히기나 할까, 그냥 소나기가 지나가길 기다려야 한다. 어설프게 '여기까지는 나의 잘못이고 이건 아닌 것 같네요'라고 따지다가는 영원히 매장되고 말 것이다.

소파 위에 던져둔 휴대폰이 울렸다. 무시할까 하다가 혁주의 번호라는 것을 확인하고 통화 버튼을 눌렀다.

"뭐하냐?"
"아무 것도."
"가게로 와."
"됐다."
"나와. 동욱이도 있어. 다른 소식도 있고."
"뭔데?"

혁주는 다시 가게로 오라는 말을 하고는 전화를 끊었다. 어쩔 수 없이 옷을 갈아입고 외출 준비를 했다. 사람들이 알아볼까 싶어 선글라스를 찾아 쓸까 하다가 헛웃음이 새어 나왔다. 이 야밤에 선글라스라니, 한심한 생각이 들었다.

어차피 지하 주차장으로 내려가서 자동차를 타고 혁주의 가게로 가는 동안 사람들을 만날 확률은 거의 없다. 부딪친다고 해봐야 서너 명이 고작일 것이다. 설령 누가 쳐다본다고 해도 무시하면 그만이다.

막상 집 밖으로 나오니 조금 전까지의 배짱은 어디 가고 멀리서 인기척만 들려도 움찔거렸다. 빠른 걸음으로 주차장에 세워둔 자동차에 올라타고 온전히 혼자가 된 뒤에야 마음이 놓였다. 밖을 나오는 것만으로 이렇게 위축된 기분을 느낄 거라고는 예상하지 못했다.

성호의 기분을 아는지 가게에 도착하자 혁주는 바로 사람들의 시선이 닿지 않는 룸으로 데리고 갔다. 동욱과 둘이 술을 마시고 있었던 듯 술잔이 두 개뿐이다.

"다른 애들은?"
"바빠. 나 같은 백수나 시간이 남아돌지……."

동욱이 자조적으로 말했다. 한탄인지 자학인지 모르지만 가라앉은 분위기는 아니었다.

성호가 자리에 앉자 혁주가 얼른 잔을 가져다 술을 따라 주었다. 양주가 목을 타고 들어가니 찌릿한

감촉이 뱃속을 흔들며 내려갔다.

"연락 왔어?"

혁주의 말에 고개를 저었다. 동욱은 한심하다는 듯 성호의 얼굴을 쳐다보았다.

"그렇게 마냥 기다리기만 할 거야?"

"······."

"야, SNS에 뭐라도 써야 하는 거 아니냐?" 옆에서 혁주도 거들었다.

"뭐라고 써?"

"뭐, 실망시켜서 미안하다든지, 물의를 일으켜서 죄송하다든지. 사과문 검색해 봐. 연예인들이 쓴 거 수두룩하게 올라올걸?"

"새끼가, 장난하나."

동욱이 정색을 하고 혁주를 향해 인상을 썼다.

"아니, 나는 뭐라도 좀 하라는 거지. 이렇게 입 딱 다물고 지나가기만 기다릴 거야?"

"답이 안 오는데 어떡해? 뭐 연락이 되야 어쩌던 지 하지."

동욱이 주머니를 뒤져 메모지를 꺼내더니 성호에게 내밀 듯 탁자에 던져놓았다.

"영서네 주소랑 전화번호야. 진료기록에서 적은 거라 아직도 거기 사는지는 모르지만 한번 찾아

이렇게 자상한 복수

봐. 연락이 없으면 네가 찾아 나서야지."

성호는 탁자 위에 놓인 메모를 물끄러미 쳐다보기만 했다.

"해결할 생각은 있는 거야?"
"이걸로 해결은 될까?"
"뭐?"

동욱의 물음에 성호는 두 손으로 얼굴을 쓸어내리며 마른세수를 했다.

"18년이나 지난 과거의 일이야. 어떻게 해야 해결인거야. 대체 뭐가 해결이야? 이제 와서 뭘 한다고 해도…… 그게 과연 해결일까…… 누구에게 해결인가 싶다."
"……."

지그시 성호를 바라보던 동욱은 잔에 술을 따르며 물었다.

"도망치고 싶은 건 아니고?"

성호는 짧게 동욱을 쳐다보고는 탁자 위에 놓인 메모를 집어 주머니에 넣었다.

"그런 맘이 없는 것도 아니지. 솔직히 '이제 와서 왜?'라는 마음이야. 김영서 당사자가 아니면 그 누구라도 이제 와서 죄를 추궁한다는 게…… 이상하잖아?"

"이기적인 새끼. 변한 게 없네."

동욱은 그대로 자리에서 일어났다.

"됐다, 내 일도 아니고. 난 여기까지 할란다."
"야, 친구끼리 왜 그래?"

동욱은 자신의 팔을 잡는 혁주의 손을 뿌리치고 방에서 나갔다.

"좀 잡아 봐, 쟤도 걱정이 돼서 그러는 건데."
"알아, 동욱이 말대로 이건 내 문제니까, 내가 알아서 할게."

다음날 오후 성호는 동욱이 건네준 메모를 한참 들여다보다 알려 준 번호로 전화를 걸었다. 결번이었다. 그렇지, 요즘에 누가 집 전화를 쓴다고. 주소를 들고 집을 찾아가는 것도 부질없을 것 같았지만 뭐라도 하지 않으면 견딜 수가 없었다. 더위가 가시고 해가 기울어서야 집을 나섰다.

영서의 집 주소는 고등학교 후문에서 오십여 미터 떨어진 곳에 있었다. 2010년에 지어진 빌라가 떡 하니 자리 잡고 있었다. 영서가 살던 집은 이미 허물어지고 새로운 주소와 새 집이 들어선 것이다.

기대하지 않았지만 막상 어떤 흔적도 남아 있지 않자 난감해진 성호는 골목 주변을 두리번거렸다. 근처에 오래된 먼지가 가득 앉은 복덕방 간판이 보

이렇게 자상한 복수

였다. 부동산도 아니고 복덕방이라니, 꽤 오래전부터 이곳을 지키고 있는 느낌이었다. 저기라면 뭔가 알지 않을까 싶었다. 성호는 조심스럽게 복덕방의 문을 열었다.

책상 앞에 앉아 돋보기를 끼고 신문을 보던 60대 남자가 자리에서 일어나며 성호를 맞았다.

"어서 오세요."

집을 보러 온 손님이라고 생각했는지, 얼른 책상을 돌아 성호가 있는 곳으로 다가왔다.

"집 보시게? 전세, 월세?"

"아니, 저 앞에 살던 김영서네 가족…"

"영서네? 아 그 집…… 거기는 왜?"

머뭇거리는 성호를 보자 복덕방 주인은 창 밖을 바라보며 말을 이었다.

"이사 간 지 10년도 넘었지. 아들 그렇게 가고 아저씨도 몇 년 뒤에 사고로 죽었지 아마. 아주머니가 더 못 견디고 이사를 갔지."

"어디로 갔는지는 혹시 못 들으셨어요?"

"뭐, 10년도 더 된 일을 어떻게 기억해? 가족들 찾아요?"

"……아니, 고맙습니다."

성호는 주인이 더 캐묻기 전에 복덕방을 나왔다.

잰걸음으로 골목길을 나오던 성호는 익숙하게 방향을 틀었다. 자신도 모르게 발걸음을 옮긴 곳은 학교였다. 담장과 후문을 새로 고쳤는지 예전의 모습은 아니었다.

　　성호는 어느새 학교 안으로 발걸음을 내디뎠다. 15년 만인가? 방학이라 그런지 학교는 조용하기만 했다. 불 꺼진 건물은 철거를 앞두고 있는 폐가처럼 으스스한 분위기였다. 집은, 건물은 사람이 있을 때와 없을 때 확연히 다른 분위기를 가진다.

　　어두운 운동장 한편에 서서 학교 건물을 바라보고 있자니 열여덟 살의 유성호를 소환하고 싶었다. 어리석은 짓을 하기 전에 멱살을 잡아끌고 그 골목을 가지 못하게 막고 싶었다. 영화처럼 그때로 돌아가 모든 것을 되돌릴 수 있다면 얼마나 좋을까?

　　성호는 무기력한 기분으로 발길을 돌렸다. 학교를 빠져나오는데 휴대폰이 울렸다.

　　화면에 뜬 이름은 기연이었다.

*

　　《건축미학》에 인터뷰가 실리고 난 뒤 성호는 몇 번이나 기연에게 연락을 했었다.

　　기연이 찍어준 자신의 얼굴이 마음에 들었다. 살

이렇게 자상한 복수

면서 수없이 많은 사진을 찍었지만 자신의 얼굴에서 이런 느낌을 잡아낸 사진은 보지 못했다. 진지하고 열정적으로 보였다. 노 기자의 말대로 인물 사진을 제대로 찍는 사람이구나, 하는 느낌을 받았다.

기연은 바쁘다며 성호를 피했지만 인터뷰에서 찍은 사진 중 프로필로 쓸 만한 B컷을 좀 얻었으면 좋겠다고 억지를 부려 만났다. 그녀의 스튜디오에 찾아가기도 했다. 산티에고에 가게 되면 도움이 될 정보를 알려 준다는 핑계로 또 전화를 했다. 하지만 매번 정중하지만 단호한 기연의 반응에 다시 연락하기가 망설여졌다. 그러다 방송을 하게 되면서 바빠지자 자연스럽게 잊고 있었다.

그렇게 피하더니, 왜 하필 지금 연락을 한 것일까. 불편한 마음도 들었지만 어쩌면 자신에게 위로라도 하려는 게 아닐까 하는 일말의 기대감도 있었다. 만나고 싶다는 기연의 말에 성호는 서둘러 약속을 잡았다.

실내로 들어서자 낮은 피아노 소리가 들렸다.

넓은 실내 중앙에는 흰색의 그랜드 피아노가 놓여 있었다. 피아노 앞에 앉아 있는 사람이 없는 걸 보면 실내에 깔리는 음악은 음반인 모양이었다. 실내의 많은 면적을 차지한 그랜드 피아노는 장식에 불과한 듯했다.

실내를 둘러보던 성호는 커다란 유리창 옆 테이블에 앉아 있는 기연을 발견했다. 실내를 가로질러 걸어가면서 성호의 신경은 날카로워졌다. 거부감이 들 정도로 하얀 실내 인테리어와 대리석 바닥이 부담스러웠다. 굳이 이런 장소를 고른 기연의 취향이 마음에 들지 않았다. 몇 번 만나면서 느꼈던 감으로는 자연스럽고 편한 공간을 좋아할 것 같았다.

성호는 기연의 앞에 앉으며 가볍게 웃어보였다.

"이런 곳을 좋아할 줄은 몰랐네요."
"건축가의 입장에서 이곳은 어떤가요?"

기연은 인사도 없이 엉뚱한 질문을 던졌다. 성호는 자신이 건넨 인사가 마음에 들지 않지 않아서 그런가 싶었다. 담담히 쳐다보는 기연의 표정에서는 어떤 의도도 읽을 수가 없었다.

"……과유불급이라고 할까요? 화려함이 지나치면 단아함은 사라지고는 안락한 장소가 되지 못하고 불편한 공간이 되죠."

기연의 입가에 알지 못할 미소가 흘렀다. 그 미소에 성호는 자신의 기대감과는 다른 만남이 될 거라는 예감이 들었다.

기연은 가방에서 무언가를 꺼내 탁자 위에 올려놓았다. 표지가 가죽으로 된 노트였다.

이렇게 자상한 복수

가죽끈으로 둘둘 말린, 투박하지만 한손에 들고 다니며 메모도 하고 그림도 그려넣기 딱 좋은 노트. 눈에 익은 가죽 표지의 노트를 본 성호는 놀란 눈이 되어 기연을 쳐다보았다.

너무 당혹스러워 말도 잘 나오지 않았다.

"……이, 이게 왜 당신에게 있죠?"
"저도 같은 질문을 하고 싶네요. 이게 왜 당신에게 있죠?"

생각지도 못한 기연의 반격에 성호의 얼굴이 확 달아올랐다.

"설마 이걸 당신 것이라고 말하고 싶은 건가요?"
"……."
"어떻게 손에 넣은 거죠?"

성호는 아무 말 없이 기연을 노려보았다. 나의 등에 칼을 꽂은 게 당신인가? 아니다, 이건 김영서의 일과는 상관이 없다.

노트는, 저 노트는 내 집 책상 서랍 속에 있어야 한다. 누구도 알지 못하게 깊숙한 곳에 있어야 한다.

성호의 입이 쉽게 열리지 않자, 기연이 먼저 말을 꺼냈다.

"솔직히 처음 이 노트를 봤을 때는 어떤 의미인지 알지 못했어요. 하지만 이 노트가 당신 손에 있다는 건 아주 잘못된 일이라는 걸 금방 깨달았어요."

성호는 입 안이 바짝 마르는 것을 느꼈다. 침을 삼키려 해도 건조한 입 때문에 그마저 쉽지 않았다.

"처음엔 당신의 노트라고 생각했어요. 제게 이 노트를 준 분이 그렇게 말했으니까요. 당신 책상 속에 들어 있었다고."

"그게 누구죠? 왜 남의 노트를 당신에게 준 겁니까? 알았다면 바로 내게 전화해서 돌려줬어야죠."

"왜 당신에게 돌려줘야 하죠? 당신이 주인이 아닌데."

등줄기로 서늘한 바람이 지나갔다. 소름이 돋았다. 인테리어도 과하더니 실내 공기마저 너무 차갑게 흐르고 있다. 에어콘에서 나오는 냉기가 마음에 들지 않았다.

"이 노트의 주인을 찾는 건 어렵지 않았어요. 안에 있는 그림에 사인이 있으니까요. 노트 뒤편에 주인의 이름도 적혀있고요."

"……."

"인터넷에 이 이름을 검색하는 것만으로 많은 것을 알게 되었죠. 스페인의 건축사무소에서 일하던 사람이고 휴가 동안 산티에고를 여행 중이었다. 아마도 이 노트에 길을 걸으며 자신이 보고

이렇게 자상한 복수

느낀 것을 적었겠죠. 그리고 어느 알베르게에서
갑작스럽게 죽었죠."

"그건 심장마비였어."

자신도 모르게 말이 튀어나와 버렸다. 기연은 잠
시 말을 멈추고 성호의 얼굴을 빤히 쳐다보았다. 기
연의 시선을 견디기가 어려워 고개를 돌렸다.

어디서부터 함께 걸었던가, 연이틀 알베르게에
서 마주치자 인사를 나누고 저녁식사를 하면서 서
로의 직업이 같다는 것을 알게 되었다. 그 뒤로 며
칠 동안 앞서거니 뒤서거니 하며 도착한 마을의 오
래된 건축물을 본다거나 성당을 둘러보았다. 그대
로 여행을 마쳤다면 좋은 친구로 남았을 것이다.

나흘째 되는 날이었던가. 그는 먼저 떠나겠다며
짐을 꾸렸고 성호는 아침 식사를 하고 숙소로 올라
왔다. 떠난 줄 알았던 하비에르는 침대 옆에 쓰러져
있었다. 숨이 멈춰 있었다. 주인을 부르고 구급차가
왔다. 그의 짐을 챙겨 구급차에 실려 보냈다. 그의
노트는 자신의 배낭에 넣었다.

"인터넷에서 그의 페이스북을 찾았죠. 순례길의
아름다운 석양을 올린 게 마지막 글이더군요. 아
마도 당신과 함께 봤던 풍경이 아닐까 싶네요."

"……."

"이런 의문이 들더군요. 왜 이 노트를 당신이 가
지고 있는 것일까? 노트 속에 있는 건축물의 그

림을 보자 알 것 같았어요. 여기에는 실제 있는 성당이나 건물들의 스케치도 있지만 앞으로 만들고 싶은 자신의 아이디어도 들어있던 거죠. 갑자기 궁금해지더군요. 당신이 과연 어떤 작품으로 유럽의 건축디자인 공모전에서 수상을 했는지.”

기연은 태블릿에서 무언가를 검색하더니 화면을 보여주었다. 그리고 노트에 견출 테이프로 표시해 둔 곳을 펼쳤다.

“놀랍죠? 어떻게 당신의 작품이 이 노트에 있는 그림과 똑같을 수가 있죠?”

발 밑의 단단한 대리석들이 무너져 내리고 자신의 몸이 깊이를 알 수 없는 어두운 씽크홀로 추락하는 것 같았다. 머리가 지끈거렸다.

기연은 할 말이 끝났다는 듯 노트의 가죽끈을 다시 잘 묶어 성호의 앞으로 내밀었다. 성호는 얼른 노트를 움켜쥐었다.

알베르게의 주인이 심폐소생술을 하고 구급요원들이 달려와 그를 실어 가는 그 다급하고 짧은 순간에 왜 그의 노트를 감출 생각을 했을까? 왜 그의 아이디어를 공모전에 낼 생각을 했을까? 왜 이 노트를 없애 버리지 않았을까? 왜 책상 서랍에 고이 모셔 놓고……

성호는 더 이상 기연의 시선을 피하지 않았다.

이렇게 자상한 복수

"이 노트를 당신에게 준 사람이 누구죠?"

"그건 당신이 풀어야 할 숙제 아닌가요?"

성호는 미로에 갇힌 생쥐가 된 기분이었다. 아무리 달아나려고 해도 골목 끝은 벽으로 막혀 있다. 과연 출구를 찾을 수 있을까?

"누군가 나를 무너뜨리고 싶은 사람이겠죠. 왜 당신은 기꺼이 그 사람을 돕는 거죠?"

"그 사람이 왜 내게 왔을 것 같아요? 이 일을 까발리려면 기자가 더 적당할 텐데, 사진작가인 나에게."

"……?"

"그 사람은 나에 대해 알고 있었어요. 내 인터뷰를 찾아봤더군요. 그리고 자신과 공통점을 발견한 거예요. 그 때문에 자신의 부탁을 거절하지 않을 거라는 걸 안 거죠."

"그게 뭐죠?"

기연은 성호의 말에 답하지 않고 어디론가 전화를 걸며 서늘한 눈으로 성호를 바라보았다.

"네, 최 기자님. 제가 보낸 메일 보셨나요? 기사는 언제쯤 올라올까요? 아, 올라왔어요? 감사합니다. 네, 지금 본인 만나서 확인했어요."

성호는 기연의 말을 들으면서도 무슨 일이 일어나고 있는지 정신을 차릴 수가 없었다. 기연은 자리에서 일어나며 멍하게 앉아 있는 성호를 향해 낮게 말했다.

"왜 이곳에서 만나자고 한 줄 알아요? 이곳이 꼭 당신과 닮았다고 생각했거든요. 화려한 겉을 벗겨내면 조잡하고 엉성하죠."

기연의 말에 단 한 마디도 대꾸하지 못했다. 심장이 조여와 말은커녕 숨을 내쉬기도 힘들었다.

*

"어디서 이 글을 썼는지 확인하는 건 어렵지 않아요. 아이피 주소만 확인하면 어떤 건물의 어떤 컴퓨터인지도 알아낼 수 있어요."

성호는 그런 설명까지 듣고 있을 여유가 없었다. 자신이 알고 싶은 건 김영서와 관련된 글을 남긴 사람에 대한 정보였다.

기연과의 만남이 헛되지는 않았다. 기연은 자신의 인터뷰에 그 사람과의 공통점이 있다고 했다. 인터넷에 올라온 기연의 인터뷰를 찾아 읽었다.

오로지 인물 사진만 찍는 사진작가 정기연. 그 이유는 학교폭력에 시달리다 자살한 동생 때문이라고 했다. 동생의 얼굴을 제대로 쳐다봤다면 동생이 느끼는 고통, 절망, 두려움을 알아챘을 텐데 자신은 그것을 놓치고 있었다고.

인터뷰를 읽자마자 영서의 글을 올린 사람과 기연에게 노트를 준 사람이 동일인물이라는 것을 직감했다. 머뭇거리는 사이 정체를 알 수 없는 누군가가 자신에게 또 하나의 치명타를 입혔다. 메일의 답장이나 기다리며 여유를 부릴 형편이 아니었다는 걸 뒤늦게 깨달았다.

글이 올라온 곳에 모든 힌트가 있었는데 그걸 간과하고 있었다. 커뮤니티 게시판에 올라오는 글은 아이피 주소가 기록된다. 메일을 보내고 상대가 그걸 확인하면 그 흔적을 통해서도 아이피 주소를 알아낼 수 있다고 했다. 성호는 컴퓨터 전문가에게 그동안 글이 올라왔던 곳과 자신의 메일 등을 보여주며 아이디 '지켜보고있다'의 위치를 찾으려고 했다.

얼마 되지 않아 상대의 아이피 주소를 찾아냈다. 불과 10분도 되지 않아 주소를 알아내자 허탈할 정도였다.

"근데 이상하네요."

"……?"

"모두 같은 주소인데요?"

"그게 무슨…?"

"고객님이 메일을 쓴 곳과 메일을 확인한 주소, 이 게시판의 글을 올린 주소 모두 같은 장소입니다."

"내가 메일을 쓴 곳…… 내 집이라구요?"

"예, 모두 동일한 주소로 나오는데요?"

내가 사는 곳에 들어와서 내 컴퓨터를 사용했다고? 책상 속에 들어있던 노트를 가져간 것도 그제야 이해가 되었다. '지켜보고있다'는 닉네임 그대로 나를 지켜보고 있었다. 나의 공간을 침범하고 마음껏 휘젓고 다니며 내 현관문의 비밀번호를 눌렀다. 그럴 수 있는 사람은……, 너무나 예상 밖이었지만 다른 사람은 생각할 수 없었다. 조건이 맞는 사람은 오직 한 사람뿐이었다. 오로지 한 사람밖에 없었다.

성호는 주방 식탁에 앉아 이 모든 일을 꾸민 사람을 기다렸다.

기연과 만난 후 얼마 되지 않아 조교로부터 강의가 폐강되었다는 문자를 받았다. 학교 입장에서는 교원이 남의 아이디어로 공모전에서 수상한 사실이 무엇보다 치명적이었을 것이다. 오 교수는 전화를 받지 않는 성호에게 짧은 메시지를 남겼다. 은혜를 원수로 갚은 성호에게 욕이라도 남길 법한데 오교수는 그러지 않았다. 자신의 명성에 먹칠을 한 제자에게 남긴 메시지치고는 점잖았다. 오 교수의 메시지가 아니더라도 이제 다시는 건축과 관련된 일은 할 수 없게 되었다.

학교폭력 사건만 해도 시끄러운 판에 디자인 도용으로 공모전 수상을 했다는 기사가 나가자 인터넷은 온통 난리가 났다. 더이상 친구들에게 전화도 걸려오지 않았다. 어머니의 전화만 간신히 받았다. 어쩌자고 이런 짓을 저질렀느냐는 질책과 함께 한동안 외국에 나가있으라는 아버지의 말을 전했다.

어떻게 일이 이렇게 될 때까지 몰랐을까? 바로 곁에서 자신의 모든 것을 살피며 나락으로 떨어뜨릴 기회를 보고 있는 사람을 왜 눈치도 채지 못했을까?

도어락의 버튼 누르는 소리가 들렸다. 문이 열리고 가사 도우미가 집 안으로 들어섰다.

아주머니는 평소와 다름없는 모습으로 성호의 앞에 마주 앉았다.

"저녁은 먹었어요?"
"지금 가사도우미로 여기 오신 게 아닐 텐데요."
"그런가?"

아주머니는 입가에 미소를 지으며 성호를 바라보았다. 얼굴 가득 만족스러운 표정이었다.

성호는 말없이 아주머니를 쳐다보았다. 저 미소, 가식적인 미소에 속고 있었다는 게 어이가 없었다. 아주머니는 성호의 시선을 되받아치며 바라보다 나지막이 입을 열었다.

"나락으로 떨어진 기분이 어때?"

영혼을 들여다보듯 깊은 눈동자는 어둡기만 했다. 아주머니의 말에 등줄기로 서늘한 기운이 돌았다. 성호는 간신히 정신을 차리고 아주머니를 마주 보았다.

몇 시간 동안 생각하고 또 생각한 질문을 던졌다.

"도대체 나한테 왜 이러는 겁니까?"

아주머니가 부모님 집에서 가사도우미 일을 시작한 건 6년이 넘었다. 성호가 파리로 떠나기 몇 달 전 일이었다.

전에 있던 가사 도우미는 손버릇이 나빴다. 양념이나 과일 같은 자잘한 도둑질은 눈감아 주었던 어머니였지만 지갑까지 손 댄 사실을 확인하자 단칼에 그녀를 잘랐다. 그리고 직업소개소에서 소개를 받은 사람이 눈앞에 있는 사람, 영서의 어머니였다. 자신의 정체를 숨기고 그날부터 일주일에 두 번, 부모님의 집을 드나들면서 오늘을 기다렸던 것이다.

"내가 왜 이러는 것 같아?"
"영서 때문에…… 6년 동안이나 가사 도우미 일을 했다구요?"
"6년? 내게는 18년이야. 내 아들, 우리 영서가 당했던 고통을 고스란히 돌려주겠다고 다짐한 뒤로 18년이야. 30년은 못 기다릴 줄 알고? 50년이라도 기다렸을 거야."

이렇게 자상한 복수

차갑게 반짝이는 아주머니의 눈을 바라보자 성
호는 할 말을 잃었다. 아주머니에게 이런 표정이 있
을 거라고는 생각도 하지 않았다.

　　"너희 집에 처음 갔을 때 내가 얼마나 짜릿했는
지 아니? 나는 이제 자식을 개망나니로 키운 네
부모와, 친구를 죽여 놓고도 뻔뻔하게 살고 있는
너에게 언제든 복수를 할 수 있었어. 정수기에 약
을 탈까? 가스를 틀어놓고 나올까? 네 얼굴을 볼
때마다 어떻게 하면 내 아들의 한을 풀 수 있을
지 생각했어."
　　"……."

　　성호는 아주머니가 집에 처음 왔던 날도 기억 나
지 않았다.

　　"서두르지 않았어. 너를 가장 고통스럽게 할 방
법을 찾아야 하는데 어떤 것도 만족스럽지 않았
거든. 겨우 약을 먹여 죽여? 그렇게 편하게는 못
보내지. 왜 죽는지 영문도 모를 거 아니야? 갑자
기 네가 프랑스로 떠난다는 소식에 조바심이 나
기도 했어. 하지만 오히려 다행이라는 생각도 들
었지. 네가 돌아올 때까지 생각할 시간이 생겼으
니까."

　　프랑스에서 돌아와 한동안 부모님 집에 머물 때
몇 번 아주머니를 마주친 적이 있었다. 아버지보다
더 환한 얼굴로 잘 돌아왔다는 말을 여러 번 했었

다. 이제 한국에서 살 거라는 말에 반가워했던 건 이런 이유였나?

집을 얻어 나가던 성호에게 부모님이 가사도우미를 보내주기로 한 것도 아주머니가 은연중에 던진 말 때문이었다.

'남자 혼자 살면 집이 엉망일 텐데……'

오냐오냐 하며 외동아들을 키운 어머니가 그 말을 듣고 그냥 있을 분이 아니었다. 그렇게 아주머니는 성호의 집을 드나들게 되고 기회를 노렸다.

아주머니가 집 안을 뒤지고 그의 컴퓨터를 살피고 일을 꾸미는 동안 성호는 무방비 상태로 자신을 내놓고 있었다. 등 뒤에 칼자루를 숨겼으면서 자신에게는 미소를 지었던 아주머니를 생각하자 어이가 없었다.

"도대체 내가 뭘 그렇게 잘못했다고요. 영서는 자살이라구요, 자기 스스로 목숨을 끊었다구요."

억울한 생각이 들었다. 손가락 몇 개 부러뜨린 것뿐이잖아. 고작 그것 때문에 18년을 기다렸다고? 이제 나를 죽일 셈인가? 웃기지마 아줌마, 나는 그렇게 쉽게 죽지 않아.

아주머니는 한동안 아무 말 없이 성호를 노려보다 천천히 입을 열었다. 목소리가 가라앉아 있었다.

이렇게 자상한 복수

"너는 18년 전이나 지금이나 변한 게 하나도 없구나. 아직도 영서의 죽음에 대해 책임이 없다고 생각하는구나. 나는 언제든 널 죽일 수 있었어. 그런데 왜 내가 오늘까지 기다렸다고 생각하니?"

"......?"

"하나만 물어볼게. 도대체 왜 내 아들, ...우리 영서한테 그런 짓을 한 거니?"

아주머니는 막 싸움을 한 아들 친구에게 말하듯 조용히 물었다.

성호는 말문이 막혔다. 할 말이 없었다. 열여덟 살로 돌아가 이유를 찾아보았지만 딱히 왜 그랬는지는 자신도 답을 할 수가 없다. 긴 침묵을 지나 겨우 찾아낸 답은 스스로 생각해도 빈약했다.

"......그땐 그냥 그런 나이잖아요? 어렸다구요. 아무나 건드리면 폭발하고, 화나고, 집어던지고 싶고."

차분하고 고요하던 아주머니의 눈동자에 불꽃이 튀었다.

"그냥 주먹질을 한 게 아니야. ......넌 우리 영서의 손가락을 작정하고 부러뜨렸어. 그게 영서에게 얼마나 중요한지 알았어. 그래서 가장 소중한 걸, 내 아들의 꿈을 빼앗아 갔어. 그런데도 네가 잘못이 없다고?"

알고 있었다. 영서가 피아노를 얼마나 좋아하는지. 넘어질 때도 두 손을 감쌌고, 맞을 때도 손만은 다치지 않으려고 애썼다. 그게 더 성호를 자극했다. 나는 아직 뭐 하나 뚜렷한 게 없는데, 저 자식은 벌써 뭔가를 가지고 있다.

"너는 가장 악랄한 방법으로 영서를 죽였어. 그 아이에게 피아노가 없는 삶은 죽은 거나 마찬가지라고."

"……그래서 이렇게 긴 시간을 기다렸어요?"

성호는 도무지 이해가 되지 않는다는 표정으로 아주머니를 쳐다보았다.

"네가 더 높이 날기를 기다려야 했으니까. 네게 인생을 걸 만한 소중한 것이 생겨야 했으니까. 그래야 추락의 고통을 알 테니까. 다시는 일어설 수 없게, 완전히 망가지게."

"……"

"돈 때문이냐고 그랬던가? 만나면 원하는 게 뭔지 알아보겠다고. 내가 뭘 원할 것 같니?"

"……?"

"그날 영서가 느꼈던 걸 너도 느끼길 바라. 차라리 죽는 게 낫다는 결정을 내릴 만큼의 절망. 그 좌절을 너도 똑같이 느끼길 바라. 그날 네가 먹었던 미역국, 맛있었지? 그게 어떤 의민지 아니?"

속이 뒤틀렸다. 식은땀이 이마에 맺혔다.

이렇게 자상한 복수

"그날 우리 영서 생일이었어. 죽은 아들의 생일에 아들을 죽인 친구에게 미역국을 먹이는 심정을 알까?"

그동안 자신을 쳐다보며 어떤 생각을 했을지 생각하니 소름이 돋았다. 긴 시간을 숨죽이며 기다린 것은 오로지 아들의 복수 때문이었다.

아주머니는 자리에서 일어났다.

"너를 이렇게 만든 게 내 탓인 것 같니? 아니, 다시 한 번 잘 생각해 봐, 이건 다 네가 저지른 짓의 결과야. 18년 전의 너와 지금의 네가 힘을 합쳐서 자신을 벼랑으로 민 거지. 내 손으로 널 죽일 필요도 없었어, 넌 스스로 자신의 목을 조르고 있으니까."

아주머니가 나가고 문이 닫히는 소리가 들려도 성호는 꼼짝없이 그 자리에 앉아 있었다.

만나기만 하면 어떻게든 방법을 찾을 거라고 생각했다. 사방이 막힌 미로라고 해도 아주 작은 탈출구 하나쯤은 그래도 있을 거라고, 그렇게 믿었다.

아주머니를 만나고 난 지금 성호는 날개가 부러져 무서운 속도로 추락하는 새가 된 기분이었다. 푸드득거려 보지만 다시 날 수도, 날아갈 곳도 없었다.

사방의 벽들이 점점 조여오는 느낌이 들었다. 꿈에서 느꼈던 그 압박감이 다시 밀려들었다. 이제 저

벽들에서 하얀 손이 튀어나와 자신의 목을 조르고 가슴을 누르고 얼굴을 짓이길 것이다.

숨이 막혀 왔다. 이 방을 탈출하고 싶었다. 어디로 가야 탈출구가 보이지? 주위를 둘러보던 성호의 눈에 도시의 야경이 보였다. 17층 높이에서 바라보는 건물의 불빛들은 크리스마스트리처럼 아름답게 반짝거렸다. 그때 텅 빈 음악실에 서 있었을 영서의 모습이 떠올랐다.

그때 영서가 느꼈던 절망이 어느 정도의 무게였을지 궁금했다.

너도 이렇게 무겁고 어두웠니?

성호는 자석에 끌리듯 창가로 걸음을 옮겼다. 거실의 통창 문을 열고 베란다로 나갔다. 한순간 혹, 여름의 뜨거운 열기가 밀려들었다.

이렇게 자상한 복수

작가의 말 - 이두온

나는 책을 읽을 때 작가의 말을 읽지 않고 책을 덮어버리는 독자였다. 소설의 경우는 특히 심했다. 작가의 말이 나오면 '어휴 뭐라고 씨부렁대는 거야, 소설은 멋대로 읽는 게 맛이지' 하고 책을 덮기 일쑤였다. 작가들을 미워한 건 아니고 이야기를 읽은 직후에 작가의 말을 읽으면 감상을 방해당한다고 느꼈던 것 같다. 그래서 작가가 되고 작가의 말을 써야 할 때마다 어쩐지 벌을 받고 있다는 느낌을 받는다. 아니 그런 게 틀림없다. 나는 여기서 무슨 말을 해야 할지 도저히 모르겠다. 책을 집어 던질 말을 해야 할지(이것도 일종의 전략이라는 사실은 나중에 알았다), 던지지 못 할 말을 해야 할지, 어떤 말을 할 권한이 내게 남아 있는지 아닌지, 난 잘 모르겠다. 솔직히 말하면 소설을 끝내는 순간 그 이야기에 대해 내가 말 할 수 있는 권한이 사라진다고 느낀다. (권한을 갖고 싶은 마음도 없긴 하다.)

이 이야기를 쓸 수 있어서 괴롭고도 좋았다. 책을 읽어준 독자 분들께 진심으로 감사하다. 이 소설을 쓸 수 있게끔 도움을 준 분들께도 감사하다. 덕분에 쓸 수 있었다. 그리고 뭔가를 좋아했지만 이제 그것을 더이상 좋아할 수 없게 된 분들이 이 이야기를 읽었으면 좋겠다고 몰래 생각해 본다.

작가의 말

작가의 말 - 서미애

안전가옥과는 두 번째 작업이네요.

이 책을 위한 계약서를 쓰던 즈음 사회를 떠들썩하게 하던 최대의 이슈는 '학교폭력'이었습니다. 한창 뜨기 시작한 가수, 드디어 조연 생활을 끝내고 주연을 맡아 인기 급상승 중이던 배우, 최고로 잘나가는 선수를 건드리며 '다 터뜨리고 말 거야' 하더니 결국 자신들이 터지고 만 쌍둥이 운동선수 등 분야를 가리지 않고 '학창시절의 폭력'이 부메랑이 되어 돌아오고 있었습니다.

힘들게 연습생 시절을 거쳐서 인기 아이돌이 되고, 장안의 화제작인 드라마의 주연배우가 되고, 대한민국을 대표하는 국가대표 선수가 되었지만 학창시절의 바르지 못했던 삶, 친구들을 괴롭히던 행각이 드러나면서 그 모든 위치와 인기는 한순간에 사그라졌습니다. 철없던 시절의 일들이 현재 자신들의 발목을 잡을 거라는 건 꿈에도 생각하지 못했을 겁니다.

저는 범죄 이야기를 쓰는 작가이다 보니 늘 우리 사회에서 일어나고 있는 현재의 범죄에 대해 관심을 두곤 합니다. 이번에 학교폭력에 대한 이야기를 쓰기로 하면서 문득 떠오르는 장면이 있었습니다.

인천지방법원에 취재 겸 재판을 보러 간 적이 있습니다. 보통 법정 앞 게시판에 그날 다루는 재판에 대해 적혀 있는데 자기 반 친구를 폭행, 감금하고 성매매를 시키고 돈을 갈취해서 유흥비로 쓴 10대 청소년의 재판이었습니다. 도대체 지금 학교에서는 무슨 일이 벌어지고 있는가 싶더군요. 피해자는 가해자들과 마주치는 것이 두려워 구두로 진술서를 썼고 가해자들은 지금 자신에게 벌어지는 일이 뭔지도 잘 모르는 것 같았습니다. 재판이 벌어지고 있는데도 남의 일처럼 장난을 치고 있는 모습을 보고 꽤 충격을 받았습니다.

학교폭력에 대해 우리가 민감할 수밖에 없는 건 우리 모두 폭력이 벌어지는 장소인 학교에서 가해자였거나 피해자, 방관자, 동조자였기 때문일 겁니다. 누구도 자유로울 수 없다는 것이죠. 과거에 어느 입장에 있었던지 간에 그 기억은 우리의 머리 한편에 깊은 상처로 남습니다.

가해자는 가해자대로 자신의 과거가 드러날까 전전긍긍하게 될 것이며, 피해자는 가해자에게 받은 상처 때문에 오래 고통스러울 것입니다. 폭력을 지켜보거나 외면했던 사람들 역시 자신의 행동에 대해 죄책감에 시달리기도 할 겁니다.

이 작품을 쓰면서 재판에서 봤던 아이들을 떠올려 보았습니다.

어떤 어른이 되어 사회생활을 하게 될지 생각하면 마음이 복잡합니다.

함께 고민하고 서로의 작품을 한 권의 책에 담게 된 이두온 작가와의 인연에 감사합니다. 또 이 책이 나올 수 있도록 기획과 아이디어를 나눠준 안전가옥의 스토리 피디님들께도 감사를 전합니다.

프로듀서의 말

'미스터리 스릴러' 장르의 거장과 주목해야 할 신예 작가, 공통의 키워드와 차별화된 이야기.

안전가옥의 두 번째 '짝꿍' 프로젝트를 기획하며 가장 우선한 목표였습니다.

그 무렵 서미애 작가님의 바쁜 일정을 알고 있어서 섭외 연락을 드리면서도 괜한 기대는 하지 말자고 생각했습니다. 운 좋게도 타이밍이 맞았고, 서미애 작가님의 표현을 빌자면 '괴물 같은 작가' 이두온 작가님이 서미애 작가님과 짝꿍이 되었습니다. 저희가 바라마지 않던 두 작가의 만남에 저를 비롯한 안전가옥 운영 멤버가 다 같이 기뻐했던 기억이 납니다.

코프로듀서 테오와 저는 사전 회의를 통해 몇 가지 키워드를 준비했습니다. 그 후 작가님들과 함께 회의하며 여러 의견을 나눴고 두 분의 평소 관심사에도 부합하는 '십 대들의 범죄와 사적 복수'를 공통 키워드로 결정했습니다. 앞서 말했듯 저희는 하나의 키워드를 모티브로 각각의 작가만이 가진 차별화된 관점과 방향성이 담긴 두 이야기를 만들고 싶었습니다. '인생의 정점을 찍은 순간 가파르게 몰락하는 학교폭력 가해자'(서미애의 <이렇게 자상한 복수>)와 '삶의 중요한 목표를 상실한 십 대 소녀의 원인 제공자 납치극'(이두온의 <더없이 중요한 시기>)은 이런 과정을 거쳐 탄생했습니다.

　기획 회의부터 원고, 리뷰 회의까지 정말 물 흐르듯 안정적으로 작업하며 소통해주신 두 분 작가님께 감사드립니다. 작가님들의 원고를 거듭 읽고 생각하며 대화를 나누는 일은 시험 압박 없이 좋아하는 과목을 공부하는 기분이었습니다.

　이 책을 읽는 독자님들에게도 그 기분이 닿기를 바랍니다.

안전가옥 수석 스토리 PD
이지향 드림

프로듀서의 말

짝꿍

지은이	이두온 · 서미애
펴낸이	김홍익
펴낸곳	안전가옥

기획	안전가옥
콘텐츠 총괄	이지향
프로듀서	윤성훈 · 이지향
	박혜신 · 반소현 · 이은진 · 임미나 · 정지원
편집	문정민
디자인	금종각
사업개발	김보경 · 이기훈
경영지원	홍연화

출판등록	제2018-000005호
주소	04779 서울특별시 성동구 뚝섬로1나길 5,
	헤이그라운드 성수 시작점 203호
대표전화	(02) 461-0601
전자우편	marketing@safehouse.kr
홈페이지	safehouse.kr
ISBN	979-11-91193-29-9
초판 1쇄	2021년 12월 7일 발행

ⓒ 이두온 · 서미애, 2021